ÊTRE L'ACTEUR DE SON COURS

Éditions d'Organisation
Groupe Eyrolles
61, bd Saint-Germain
75240 Paris Cedex 05

www.editions-organisation.com
www.editions-eyrolles.com

© Groupe Eyrolles, 2008
ISBN : 978-2-212-54108-3

Cécile Berthier-McLaughlin et Michèle Harfaut

ÊTRE L'ACTEUR DE SON COURS

EYROLLES
Éditions d'Organisation

PARTIE 1
SOIGNER LE DÉCOR, LES COSTUMES ET LE SCÉNARIO

PARTIE 2
METTRE EN SCÈNE ET IMPROVISER

PARTIE 3
PEAUFINER SON JEU D'ACTEUR

QUATRIÈME PARTIE
PARTIR EN TOURNÉE

ANNEXES

Partie 1

Soigner le décor, les costumes et le scénario

Maîtriser les contenus

Questions pour un champion

C'est bien joli de mettre le paquet sur la mise en scène, mais encore faut-il maîtriser l'essentiel : le contenu. Un bon prof, nous le savons, c'est une personne qui fait autorité dans sa discipline – et aussi un petit peu dans les autres ! Et pour être efficace dans la transmission du savoir, il est indispensable de construire des supports adaptés… et de savoir les manipuler.

MULTIPLIER LES SOURCES

Tout jeune enseignant qui débute est confronté à la difficulté de construire un premier cours. Le prof plus expérimenté qui renouvelle – à juste titre – ses cours tous les ans a moins de difficultés, mais peut lui aussi se trouver dans une impasse, concernant telle ou telle séquence, telle ou telle thématique. Sachez que vous avez à votre disposition un nombre infini de ressources qui vous aideront à élaborer des supports pertinents. Mais procédons par étapes…

LE TRUC EN —

Se contenter de lire et relire les différents ouvrages destinés aux élèves, accompagnés de leur sacro-saint livret du professeur (vous savez, celui dans lequel, il y a toutes les réponses aux questions). Farfouillez dans vos bibliothèques, approfondissez le sujet. C'est la meilleure façon de le maîtriser.

Revoyez un peu vos bibliographies d'étudiant, tenez-vous au courant des dernières parutions sur telle ou telle question. C'est pour ça que le métier de prof est le plus beau métier du monde : il nous pousse en permanence à renouveler nos sources, à lire et relire des ouvrages, à nous tenir au courant des dernières parutions. Fréquentez donc les librairies de temps en temps!

LE TRUC EN +

Faites-vous connaître auprès des maisons d'édition afin de recevoir régulièrement des spécimens...

Dopez votre culture générale

Lecture, émissions de télé, visites culturelles, week-ends, jeux entre amis ou en famille... tous les moyens sont bons pour parfaire votre (déjà grande) culture générale. Certes, vous enseignez dans une matière, mais il vous faut avoir certaines bases dans les autres disciplines. Décloisonnez un maximum et soyez curieux de tout, lisez régulièrement la presse – et pas seulement l'horoscope ou les pages sportives! On trouve également sur Internet de nombreux sites qui proposent des quiz de culture générale. Amusez-vous à vous tester, tout en ayant bien conscience que la culture ne se résume pas à quelques réponses!

Utilisez les sources Internet

La solution est là, sous votre nez, chez vous! Internet est un outil de travail indispensable pour l'enseignant moderne, mais il ne doit pas en être l'unique, et encore faut-il trier les informations. Est-il en effet utile de préciser que certains sites sont des plus fantaisistes? Est-il nécessaire de rappeler que vos élèves ont eux aussi accès à la magie de la toile, et que si vous «pompez» en toute innocence votre cours d'éco sur le Net, les plus curieux pourront rapidement s'en rendre compte? Alors, pas question de vous dire: n'utilisez pas le Web; mais ne vous privez pas pour autant de l'ambiance feutrée des salles des bibliothèques ou autres centres de documentation.

EXPLOITER JUDICIEUSEMENT LES CONTENUS

La variété comme maître mot

Non, vous ne rêvez pas : vous allez bien rester un mois et demi sur *La Condition humaine* ! Le support n'est pas simple, vos élèves relativement peu motivés à l'idée de se coltiner du Malraux… c'est là qu'intervient la mise en scène du cours.

Varier un cours, une séquence, c'est multiplier les activités tout en restant dans le thème. Misez sur l'interactivité, à travers des exposés, des oraux, passez du texte à l'image, afin de montrer que ce texte touche à l'universel, qu'il est encore d'actualité. Le dire ne suffit pas ; les élèves ont besoin de preuves…

Restez connecté

Sans parler de refaire l'intégralité de vos cours d'une année sur l'autre, il faut à chaque rentrée apporter de la nouveauté dans votre façon d'enseigner. Cela peut être un changement de supports, plus en rapport avec l'actualité. Vous avez vu qu'un film sur la Chine allait sortir au mois de novembre, qui pourrait être une illustration intéressante de votre cours de géographie. Pourquoi ne pas en faire le centre d'une séquence et élaborer vos supports en fonction de cette actualité ?

Les élèves ont un besoin constant de faire des liens avec le monde qui les entoure pour comprendre l'intérêt de tel ou tel enseignement. Sans aller jusqu'à construire constamment des passerelles, actualisez vos sources et confrontez-les, de temps en temps, au monde contemporain ; cela est essentiel, aussi bien pour vous que pour vos élèves. Amusez-vous ponctuellement à les surprendre en leur proposant des supports sortant de l'ordinaire.

Laissez parler les petits papiers…

Rien de pire pour les élèves qu'un prof coincé derrière son bureau, qui lit ses notes, en relevant de temps en temps la tête, histoire de vérifier que tout le monde ne dort pas. Vous ne pouvez pas suivre ce modèle-là – même si certains lundis matin, c'est assez tentant!

Pour être le plus efficace possible et capter l'attention de vos chérubins, rien de tel que des supports que vous n'aurez pas rédigés intégralement, qui vous laisseront la possibilité d'improviser, et qui rendront votre cours nettement plus vivant.

L'idéal? La fiche cartonnée, simple à manier. Celle-ci doit être conçue de manière claire, et en couleurs. Si votre cours se résume à plusieurs fiches, n'oubliez pas de les numéroter. Le mieux est encore de n'écrire que sur le recto, afin de ne pas s'emmêler les pinceaux. Faites-vous confiance, relisez votre cours la veille, et débarrassez-vous de toute cette paperasse qui chasse le naturel.

MODERNISER VOTRE COURS

Utilisez PowerPoint

Ce n'est pas parce que vous faites un cours sur la société médiévale que vous ne devez pas opter pour une présentation vivante et technologique! Le must, mais encore une fois, cela ne dépend pas toujours de vous, c'est bien entendu PowerPoint (dont l'utilisation, il est bon de le rappeler, est simplissime…). Ce logiciel permet d'animer vos cours en présentant des documents iconographiques qui les rendront un peu plus vivants et dynamiques.

Si votre salle de classe en est restée aux temps préhistoriques, vous pouvez aussi – et ce n'est pas encore complètement ringard! – utiliser un rétroprojecteur: un seul bouton, des transparents bien faits et le tour est joué!

Sachez concevoir un diaporama

Globalement, disons que vous devez toujours avoir à l'esprit que:
- un support PowerPoint *accompagne* vos propos; il ne les redit pas intégralement;

– le nombre de diapos importe peu, l'important est que vos élèves aient le temps de les lire. Pour cela, optez pour la clarté et l'aération. Il ne faut pas rédiger sur PowerPoint, car on risque de ne pas avoir le temps de vous lire. Raisonnez plutôt en mots-clés : ils frapperont plus les esprits de vos élèves.

> *J'ai rapidement pris conscience de l'incroyable avantage d'utiliser PowerPoint. Il faut dire que j'ai la chance de disposer de salles de cours équipées. C'est un gain de temps formidable et cela permet de capter l'attention des élèves. Parfois même, je distribue des photocopies de l'intégralité de mes diapos afin qu'ils gardent une trace précise. Mais ce n'est pas systématique, car je veux aussi qu'ils apprennent à avoir de bons réflexes en matière de prise de notes.*
>
> *Il ne faut pas hésiter à s'entraîner pour bien maîtriser cet outil. Je me souviens du premier cours pour lequel j'avais décidé de me jeter à l'eau. J'ai pris soin d'arriver avant le groupe d'élèves pour installer le matériel – j'avais demandé à un prof doué en informatique de m'accompagner. Lorsque le cours a commencé et que j'ai vu ce que donnait l'agencement de mes diapos, j'ai très vite compris que ma présentation ne serait pas productive, car beaucoup trop chargée en informations, ce qui forçait mes élèves à noter sans relâche et sans écoute active. J'ai depuis progressé et je tire régulièrement profit de cet outil, devenu pour moi indispensable. »*

Olivier D., professeur d'histoire en lycée.

La mise en forme correspond elle aussi à des codes bien spécifiques :

– choisissez la taille de vos caractères en fonction de la distance qui sépare vos élèves de l'écran ;

– sachez qu'il est préférable de jouer sur les effets de contrastes en privilégiant une écriture claire sur un fond sombre. Mais faites attention à l'harmonie des couleurs (évitez par exemple le vert pomme sur le orange…)

De plus, profitez de vos larges connaissances informatiques pour présenter des synthèses sous forme de tableaux, de graphiques ; ils permettront à vos élèves d'avoir une vue d'ensemble sur telle ou telle question…

LE TRUC EN +

Numérotez et titrez chacune de vos diapos. Cela permettra à vos élèves de se repérer plus facilement et de poser des questions en se référant à une diapositive précise, ce qui sera bénéfique pour tout le monde.

Sachez gérer un support multimédia dans l'espace

La difficulté majeure est peut-être là : gérer une classe de trente élèves, insupportables ou non, tout en manipulant le support informatique – ce qui est loin d'être votre point fort…

Pour gagner en efficacité :

- arrivez avant vos élèves, histoire d'installer l'ordinateur et de vous familiariser avec les câbles sans devoir demander de l'aide à Nicolas, qui se ferait un plaisir de vous humilier en vous montrant l'extrême facilité avec laquelle il s'y prend ;
- munissez-vous d'une souris sans fil qui vous permettra de vous déplacer pour vous rapprocher des élèves, qui, bercés par l'ambiance cinématographique de votre séance, s'assoupissent allègrement au fond de la salle.

Mais n'oubliez pas que le principal reste votre fougue et votre enthousiasme, éléments qu'un PowerPoint ne pourra jamais remplacer !

Le cours idéal est celui qui vous permet d'atteindre vos objectifs. Cela dépend de vous, de la maîtrise que vous avez de vos supports, de l'interaction que vous créez avec vos élèves — et de ces derniers ! Sont-ils aptes à comprendre ? That is the question…

Faire un plan de classe

Dessine-moi une salle de cours...

*Placer ses élèves, c'est organiser les relations dans la classe;
ce n'est en aucun cas une perte de temps puisque c'est cela
qui vous permettra de prévenir certains conflits et de créer une
ambiance de travail calme et stimulante.*

OBJECTIFS DU PLAN DE CLASSE

Faire un plan de classe peut passer pour un geste punitif totalement
arbitraire aux yeux de vos élèves. Pourtant, si vous le faites dès les
premiers cours, on ne pourra pas vous accuser de placer vos élèves en
fonction des affinités qu'ils ont développées durant les premiers jours
de classe.

LE TRUC EN +

Une feuille, un joli dessin de la disposition des tables de chacune de
vos classes, un tube de colle – pour les plus zélés, la photo de chaque
élève –, et en route pour l'atelier créatif! Ce plan, s'il vous donne l'impression de vous prendre un peu de temps, vous en fera pourtant gagner
considérablement en vous permettant de mémoriser plus facilement les
noms de vos chers pupilles!

Il vous faudra constamment ajuster votre plan, jusqu'à trouver le bon
équilibre; faites confiance à votre instinct: tâchez de repérer le plus
vite possible les leaders du groupe, les éléments perturbateurs, les élèves insolents, etc. Sachez cependant que l'élément perturbateur n'est
pas forcément le mauvais élève de la classe. Parlez-en à vos collègues
qui n'hésiteront pas à vous donner leur avis sur tel ou tel élève.

LE TRUC EN +

Si vous avez opté pour un plan de classe dès le début de l'année, expliquez bien à vos élèves que ce plan n'est pas définitif et que vous pouvez tout à fait le faire évoluer pendant l'année scolaire. Ainsi, si vous voyez des couples se former, il ne faut pas hésiter à les séparer, car les émois amoureux ne colleront pas forcément avec votre cours sur les probabilités.

Petite méthode de placement

Ces quelques pistes pourront vous aider à placer vos élèves.

- Ne mettez jamais un élément perturbateur au fond : il en profiterait pour faire tout autre chose et pourrait même penser que vous vous fichez de lui, redoublant ainsi d'efforts pour se faire remarquer.
- Tâchez d'entourer les éléments perturbateurs d'élèves sérieux, calmes et qui restent de marbre devant les fanfaronnades ou les tentatives de rébellion de Nicolas. Placer les leaders à côté d'élèves peu réceptifs à leur « charisme » les neutralisera d'emblée, et vous n'aurez plus à vous égosiller pour faire taire tout ce petit monde.
- Ceux qui participent activement en cours ne doivent pas nécessairement être mis au premier rang, bien au contraire : jouez sur le mimétisme naturel de certains élèves en les plaçant au milieu d'une zone de votre salle particulièrement calme, voire endormie. Théoriquement, et dans le meilleur des cas, ceux qui lèvent constamment le doigt pour prendre la parole devraient donner des idées à ceux qui roupillent gentiment… Au pire, la gymnastique qu'ils mettent en place pour être les premiers à répondre tiendra les plus passifs en éveil…

De la classe à l'amphi

Vous serez peut-être amené à faire cours en amphi. Il est bien évident qu'il est absolument exclu de vous casser la tête à faire un plan de placement, qui ne sera pas du tout respecté, ni à déplacer au fil de vos cours les éléments perturbateurs. Vous constaterez très vite que ceux qui veulent suivre sont au premier rang et ceux qui jouent aux cartes, au fond. Le mieux, pour tenter d'avoir le maximum de calme, est de virer ceux qui mettent le «bazar», sans plus de cérémonie. La disposition dans ce cas précis reste parfaitement impuissante.

QUELLE DISPOSITION ADOPTER?

Avant de vous lancer dans un grand déménagement, prenez le temps de lire les lignes qui suivent, afin de ne pas vous attirer les foudres de vos collègues et/ou de votre hiérarchie.

Déplacer les tables : précautions à prendre

Les tables des salles de classe sont la plupart du temps placées les unes derrière les autres. Vous pouvez, en théorie, varier ce plan. En théorie seulement, car, dans la pratique les choses peuvent parfois se compliquer pour diverses raisons :

- vous n'êtes pas le seul à occuper cette salle et il vous faudra donc convaincre l'ensemble de vos collègues des vertus de telle ou telle disposition ;
- si vos collègues ne vous approuvent pas, changer la disposition des tables risque de vous faire perdre un temps fou au début et à la fin de l'heure de cours – et ne comptez pas forcément sur vos élèves pour être efficaces en début de cours… le temps «perdu» à déplacer des tables, c'est du temps «gagné» sur le cours.

Adapter la disposition au public et à la matière

Il n'y a pas de préférence véritable en matière de disposition. Tout dépend de la matière enseignée, et surtout de l'ambiance qui règne en cours. On entend ainsi souvent les profs de langues affirmer qu'ils préfèrent une disposition en U, car elle permet davantage de dialogue entre les élèves et donne la possibilité à l'enseignant de s'effacer. C'est donc à vous de trouver la disposition la mieux adaptée, et surtout celle avec laquelle vous vous sentirez le plus libre.

Sachez cependant que quel que soit l'agencement choisi, une disposition en U ou une disposition plus traditionnelle, chacune a ses inconvénients.

La disposition traditionnelle

Elle laisse finalement peu de place au dialogue et tomber dans l'écueil du cours superbement magistral devient assez aisé. Elle a pourtant le mérite, notamment si vous avez un groupe agité, de ne pas placer les élèves en miroir et donc de vous épargner les projectiles en tout genre et les concours de grimaces. Vos élèves n'ont en outre qu'un seul voisin chacun (s'il s'agit de table de deux, ce qui est fréquemment le cas) et donc une seule possibilité de discuter. Mais, ils peuvent, et c'est peut-être la principale faiblesse de cette disposition, allègrement se retourner, taper dans le dos de leur copain de devant, etc. Le mieux – mais là, on tombe dans le luxe suprême – est d'avoir des tables individuelles, bien espacées…

LE TRUC EN +

La disposition traditionnelle réactive les plus vieux réflexes du monde : les élèves dissipés se replient vers le fond et les plus sérieux s'arrachent les tables de devant… d'où l'intérêt pour vous de faire un plan de classe. D'autre part, et dans les cas les plus critiques, les élèves auront tous tendance à vider les premiers rangs en s'entassant au fond, vous laissant œuvrer seul et loin de tous… Ne laissez jamais les premiers rangs libres. Remplissez-les dès le premier cours, en faisant bien comprendre à vos élèves que vous avez besoin de compagnie.

Le U

Le plan en U est efficace du point de vue de la communication interpersonnelle, mais ne fonctionne bien que si le groupe est relativement calme. Il a l'avantage de vous placer au cœur du groupe (à l'intérieur du U). Vous avez ainsi la possibilité d'observer tout le monde d'un seul coup d'œil. Les envois de textos (encore Nicolas !) et autres pratiques en vogue resteront assez limités avec ce genre de disposition.

Pensez néanmoins à vous laisser la possibilité de passer derrière vos élèves, afin de vérifier leur travail.

Et pour les plus téméraires...

Si les tables sont utiles pour la prise de notes, elles ne sont pas toujours les bienvenues lorsque vous axez votre cours sur une situation orale. Pourquoi ne pas s'en débarrasser exceptionnellement et ne laisser à vos élèves qu'une chaise? L'idée est de libérer un peu la relation à l'autre que la table a peut-être tendance à bloquer. Mais cela n'est applicable que dans un petit groupe, sage et motivé! À voir, donc!

VARIER LA DISPOSITION SELON LES ACTIVITÉS

Si le fait de déplacer les tables ne vous fait pas perdre trop de temps, il est souhaitable de varier l'agencement de la salle en fonction des activités que vous proposez à vos élèves.

Le travail de groupe

Un travail de groupe, par quatre, par exemple, sera bien plus efficace autour de petites unités (deux tables de deux rapprochées) qui permettront aux élèves de dialoguer sans trop se gêner d'un groupe à l'autre. Pensez à chaque fois à laisser suffisamment d'espace pour pouvoir circuler entre les groupes.

Activités orales

Si vous travaillez sur des activités orales, les tables en U seront les bienvenues. Il est également intéressant, lorsque vous souhaitez organiser un débat, de disposer les tables de façon à avoir deux groupes l'un en face de l'autre, sur une ou deux rangées, en fonction du nombre de vos élèves.

LE TRUC EN +

Laissez une table libre au fond de la salle, si le nombre d'élèves vous le permet. Cet espace vous permettra d'organiser des contrôles de rattrapage pour un élève absent.

Vous l'aurez compris, il n'y a pas de disposition des tables parfaite. Tout dépend de ce que vous enseignez et du groupe devant lequel vous faites cours. Il y a cependant une règle d'or : tester, déplacer les meubles afin de trouver des solutions à un brouhaha intempestif et de canaliser l'énergie de vos élèves.

Créer un espace de travail stimulant

Et les décors sont de...

L'idée de personnaliser votre salle de cours n'est absolument pas accessoire. Tout comme la façon dont vous vous habillez, dont vous parlez, cela donne un aperçu très juste de ce que vous êtes professionnellement et de la façon dont vous voyez l'enseignement. Cela peut aussi être pour vous un bon moyen de trouver une certaine forme de sérénité.

INVESTIR L'ESPACE

Les ingrédients de base

Si vous ne souhaitez pas refaire toute la décoration de votre salle en y apportant votre petite touche, sachez quand même que pour travailler dans des conditions optimales, il vous faut :

– de la lumière et ça, plus les élèves grandissent et moins c'est évident. Ils semblent en effet ressentir une espèce de bonheur immense à travailler dans la pénombre...

– de l'ordre : les cartables ou sacs en tout genre doivent être rangés sous les tables ou juste à côté de vos élèves. De la même manière, les blousons et vestes ne traîneront pas parterre ;

– de l'air renouvelé fréquemment. Arriver dans une salle en fin de journée, dont les vitres pleines de buée reflètent l'activité cérébrale des élèves n'est pas forcément agréable. Alors, sans amener votre parfum d'ambiance (quoique... pourquoi pas ?), aérez, même en plein hiver.

Dépassez les difficultés

Vous n'avez pas votre propre salle… c'est le cas le plus fréquent dans les établissements. Demandez à vos collègues leur accord pour investir les murs de la salle, en leur expliquant bien votre projet. S'il est en lien direct avec le contenu scientifique de votre matière, il n'y a pas de raison qu'ils refusent. Par ailleurs, rien n'exclut un travail en interdisciplinarité et un projet mené en collaboration avec plusieurs collègues qui partagent la même salle. Dans ces cas-là, la décoration ne fera que bien marquer l'unité du projet et sa cohérence.

Sur les murs

Sans que cela soit à proprement parler de la décoration, il faut savoir qu'aux murs doit apparaître un certain nombre d'éléments comme le règlement intérieur, l'évacuation incendie, et pourquoi pas une horloge… elle aura le mérite de faire prendre conscience à vos élèves (qui ont de moins en moins souvent de montre, misant tout sur le portable, forcément éteint en cours…) qu'ils doivent gérer leur temps.

UNE DÉCO MOTIVANTE

Votre investissement pour la déco de votre salle est le signe de votre investissement en cours… rien d'autre.

Optez pour l'interactivité

L'objectif principal pour vous – hormis le fait de passer vos dimanches à faire des loisirs créatifs ! – est de tenter d'intéresser les élèves particulièrement réfractaires à votre matière et de motiver encore plus ceux qui déjà ont envie de travailler.

Pourquoi ne pas matérialiser le cours dans l'espace en façonnant la décoration au rythme de votre progression ?

Le but ici est de faire participer vos élèves à l'élaboration de la décoration. Choisissez un thème et faites-leur faire des recherches qui seront au fur et à mesure affichées dans votre classe. Cela aura au moins le mérite de rendre l'ambiance de votre salle moins austère et de montrer concrètement l'avancée du travail. Les élèves sont très sensibles à la quantité de connaissances qu'ils ont à ingurgiter et le fait d'afficher ouvertement ces connaissances ne peut être qu'un plus. Cela permettra aussi aux doux rêveurs de ne pas regarder dans le vide…

LE TRUC EN +

Adressez-vous au prof d'arts plastiques qui sera une mine d'idées pour vous ! Il pourra, s'il est disponible, vous aider dans l'élaboration de votre déco et peut-être même vous fournir le matériel ! Après tout, il n'y a pas de raison que vous dépensiez tout votre salaire dans la déco de votre salle de cours !

LA BOÎTE À IDÉES

Collez à l'actualité du cours… et du monde !

Affichez les fiches de lecture ou exposés de vos élèves, en ayant pris soin de leur préciser que celles-ci doivent être accompagnées de documents iconographiques. Cela les motivera et surtout donnera peut-être des envies de lectures à certains… Mais attention, ne restez pas avec ces fiches collées aux murs pendant toute l'année. L'idée est d'avoir une décoration changeante.

Pourquoi ne pas varier les procédés d'affichage, en oubliant pour un temps les panneaux traditionnels et en suspendant dans l'air, à l'aide de fil et de petites pinces à linge multicolores, les fiches de lecture ? Pour cela, pensez à faire travailler vos élèves sur le format de leur fiche (l'idée de le faire sous la forme d'un marque-page est dans ce cas assez judicieuse…).

Quelle que soit votre matière, vous trouverez dans la presse de quoi remplir des panneaux d'actualité. Afficher une revue de presse régulièrement – tous les mois par exemple – vous permettra d'aborder durant un cours les événements récents et de laisser vos élèves s'exprimer sur le sujet.

LE TRUC EN +

Découpez des bandes de papier de différentes couleurs et inscrivez-y diverses citations avec le nom des auteurs (et cela n'est pas réservé aux profs de français !). Vous pouvez aussi noter sur une courte page la biographie des « grands hommes » que vous aborderez dans l'année.

Et si vous êtes à court d'idées, demandez à vos élèves…

Au-delà de la salle de cours

Ne vous arrêtez pas seulement aux murs de votre salle… il y a aussi les murs extérieurs que vous pouvez peut-être investir, afin de marquer progressivement la frontière entre espace récréatif et espace de travail (pensez aux affiches de films, aux posters à dimension scientifique que vous pourrez exploiter librement).

La tête en l'air

Et le plafond dans tout ça ? L'idée de construire des mobiles, si vous êtes doué de vos dix doigts, peut être très stimulante. Demandez à vos élèves de choisir des mots-clés (et si vous êtes en cours de langue, c'est d'autant plus porteur) et arrangez le tout avec du papier de couleur et de bons feutres épais. Si, en plus, vous choisissez une unité logique par mobile (le vocabulaire de la pêche, celui de la gastronomie, les registres de langues, etc.), votre petit monde sera comblé ! Attention cependant à ne pas vous retrouver devant des élèves le nez constamment en l'air….

Les erreurs à ne pas commettre

N'affichez sur les murs que ce qui a un rapport direct avec votre enseignement. Attention aux messages qui n'ont pas leur place dans l'espace neutre et laïque de l'école. Même la décoration de Noël que vous aurez peaufinée pendant tous vos dimanches de décembre peut vous occasionner quelques soucis.

Demandez toujours à votre direction si vous pouvez afficher tel ou tel élément dans votre salle, et comment vous devez vous y prendre. Certains murs sont allergiques aux clous et préféreront un bricolage plus raffiné.

Vous pensez ne pas être doué pour toutes ces fariboles? Ne baissez pas les bras et faites-vous aider par vos collègues: si votre projet déco tient la route, ils se feront un plaisir de vous donner un coup de main.

Soigner sa « tenue de scène »

Fashion victimes

Il fut un temps où un prof était obligatoirement affublé de son costume, de son tailleur, le tout éventuellement recouvert de sa blouse. Un vent de liberté a soufflé depuis, mais si les codes sont moins présents dans le discours ambiant, ils restent cependant latents... À vous de juger !

L'AXE VISUEL DU MÉTIER

L'importance du vêtement dans la relation à l'autre

Lorsque vous êtes en cours, dans la salle des profs ou dans les couloirs de votre établissement, vous êtes en représentation : enseigner, c'est faire de la relation publique, et c'est justement ce public que vous devez séduire. Puisque l'acteur a son costume, pourquoi pas vous ?

Attention, costume ne signifie pas déguisement. Le costume est ce qui colle le mieux au personnage ; il est savamment étudié par les professionnels afin de trouver l'harmonie entre ce qu'est intérieurement le personnage et son apparence. Car n'oubliez pas que sur scène comme en classe, tout fait sens. Votre vêtement est donc un vecteur d'informations qui en dit long sur votre personnalité, votre humeur du moment, et votre statut !

Néanmoins, vous êtes face à un public d'adolescents et il faut éviter de commettre certaines bévues.

La première consisterait à vouloir paraître plus jeune que vous ne l'êtes en mimant en quelque sorte les codes vestimentaires de vos élèves.

    Pendant mon année de stage, j'ai eu la charge d'une classe de seconde européenne. Les élèves étaient vraiment motivés et le contact passait bien. Leur enseigner le français était un plaisir. J'étais jeune (j'avais 22 ans) et je faisais vraiment jeune ! Cela me causait un certain nombre de soucis, comme la fermeture de la salle des profs « interdite aux élèves » ou encore des pions qui me « braillaient » dessus parce que j'empruntais le couloir réservé aux profs et « qu'il fallait que je fasse le tour, comme tout le monde ! » Le pire, ce fut vers la fin de l'année. Je revenais d'une petite séance de shopping et m'étais dégoté un petit top turquoise, pas trop décolleté, enfin un peu quand même... J'arrive en cours, et je vois au premier rang la petite Élodie, qui me regarde avec un sourire particulièrement ironique : nous étions habillées exactement pareil !

Cette anecdote amusante m'a tout de même un peu mise mal à l'aise et depuis, je m'habille « en femme », histoire de bien marquer la différence avec mes élèves, tout en restant moi-même ! Et j'ai investi dans un cartable en cuir, bien austère... le couloir des profs n'a maintenant plus de secrets pour moi !»

Agnès D., professeur de français en lycée.

Être soi-même, c'est aussi respecter les valeurs de votre métier et les codes de vos interlocuteurs. Un prof qui débarquerait à la première réunion pédagogique en tongs et bermuda laisserait une piètre impression à ses collègues. L'ambiance de votre établissement a beau être détendue, il y a tout de même un minimum ! Si la cravate n'est pas obligatoire, ce n'est pas une raison pour arriver le nombril à l'air et le jean déchiré. Bref, il est indispensable, à travers votre tenue, de vous imposer comme un adulte. Vous pouvez fort bien faire preuve d'originalité, mais faites en sorte que cela reste dans des frontières raisonnables. Oubliez les minijupes, shorts, et autres décolletés vertigineux pour ne pas vous attirer des regards qui vous mettraient mal à l'aise. Vous êtes devant un public d'adolescents et d'adolescentes, gardez-le bien à l'esprit. Leur vie fantasmatique, ainsi que celle de vos collègues, est suffisamment développée.

Évitez aussi les vêtements avec des messages – t-shirts avec des slogans engagés – que vos élèves prendront nécessairement au premier degré.

Bref, montrez que vous êtes capable de vous adapter à un environnement et de comprendre les codes de celui-ci.

> *Avant de passer l'agrégation, j'avais eu une expérience de cadre dans le privé : panoplie tailleur-escarpins de rigueur !*
> *Lors de ma première rentrée en tant que professeur stagiaire, je suis donc logiquement arrivée au lycée... en tailleur. La tête qu'ont fait mes collègues (et leur mise vestimentaire) m'ont vite incitée à changer de garde-robe.*
> *L'année suivante, affectée dans un établissement d'enseignement supérieur, et me retrouvant face à des étudiants à peine plus jeunes que moi (et un peu turbulents), j'ai ressorti l'arme du tailleur. Cette fois-ci, ça a été un franc succès ! Combiné avec une bonne dose de sévérité, mon accoutrement m'a permis d'asseoir rapidement mon autorité et, heureusement, mes nouveaux collègues n'ont pas eu l'air d'en prendre ombrage... »*

Catherine C., professeur de communication en IUT.

Au-delà de la garde-robe

L'image que vous allez donner de vous-même ne se réduit pas aux vêtements. D'autres paramètres, plus subtils, mais tout aussi visibles entrent en ligne de compte. Ainsi, les cheveux gras d'un professeur entraînent bien souvent un courant de moqueries de la part des élèves. De la même façon, faites attention à vos mains, ayez des ongles soignés... rien de pire qu'un prof qui, regardant une copie d'élève, laisse une traînée de gras un peu noirâtre.

Votre visage est aussi un des points essentiels dans la relation interpersonnelle. Ne le maquillez pas trop cependant, cela passerait très vite pour un masque artificiel qui donnerait l'impression que vous vous cachez. Il n'y a pas de règle d'or en la matière, si ce n'est de vous sentir bien dans votre peau.

Enfin, chose capitale pour le bien-être de vos élèves : ne vous parfumez pas trop. Les odeurs entêtantes à 8 heures du matin ne sont pas appréciées de tout le monde. Sentir bon est néanmoins un élément important dans le respect que vous devez à vos élèves. L'odeur de transpiration qui aujourd'hui, avec la technologie des nouveaux déodorants, relève de l'exception, risque fort d'incommoder tout le monde (vous le premier), et de faire ricaner derrière votre dos.

> ## LE TRUC EN +
>
> Prenez les devants contre les odeurs désagréables et pensez aux lingettes rafraîchissantes, un peu cache-misère parfois, mais qui vous donneront l'illusion de la propreté.

De la tête... aux pieds

La coquetterie ne doit pas sacrifier au confort... et huit heures de cours, perchée sur des talons aiguilles, qu'on en ait ou non l'habitude, n'est pas forcément une bonne idée en soi.

D'autant que l'ancrage au sol est déterminant et que, sur ce point, les chaussures, ont un rôle à jouer. Sans arriver en charentaises, munissez-vous de chaussures confortables qui vous font tout de même une jolie silhouette. Et cela est valable pour les hommes aussi !

DES ENVIES DE CHANGEMENT ?

Savoir booster son potentiel, valoriser son image sont des éléments importants qui vous apporteront plus d'épanouissement dans votre métier.

Faites appel à des professionnels du look

Tout miser sur la dimension intellectuelle est une erreur dans un métier comme l'enseignement. Le message intellectuel passera d'autant mieux que vous le rendrez « visible » par une attitude vestimentaire soignée.

LE TRUC EN +

S'offrir une séance de relooking. L'objectif est de comprendre votre style vestimentaire, de valoriser votre image à travers des séances de coiffure, de maquillage, de maintien, etc. Les prix sont variables d'un établissement à l'autre, mais comptez au moins 75 euros la séance. C'est un investissement, c'est sûr, mais cela peut vous faire comprendre pas mal de choses sur vous-même, et en très peu de temps. Ces professionnels vous aideront à mieux cerner votre profil, à trouver un style qui vous corresponde et avec lequel vous vous sentez bien.

Amusez-vous avec les couleurs

Optimisez votre allure par l'harmonie des couleurs. On sait par exemple que le gris est une couleur d'autorité, plus à la mode que le bleu marine, mais on sait aussi qu'on n'a pas forcément envie d'en mettre tous les jours. Le rose adoucit le visage, gomme l'autorité… aussi est-ce une bonne idée d'en porter quand il s'agit de mettre les points sur les i à ce Nicolas qui vraisemblablement se fiche de vous depuis deux semaines ?

Et pourquoi ne pas faire appel à la colorimétrie ? Là aussi, des professionnels peuvent vous guider et vous orienter vers des couleurs qui ne vous font pas un teint de mort vivant.

Et si vous n'avez pas la possibilité ni l'envie de vous adresser à des professionnels, tâchez d'écouter vos proches, qui, en matière de conseils, ne mâcheront peut-être pas leurs mots.

Votre look n'est pas seulement une histoire frivole. Il peut vous permettre de gagner un maximum d'assurance et être bien dans vos baskets. Renouvelez votre garde-robe, essayez de changer de costume d'un cours à l'autre : vous donnerez de vous une image beaucoup plus moderne !

Affronter son image
Répétition générale

*Il est toujours bon, dans une longue carrière de prof, de s'arrê-
ter un instant sur sa pratique et sur son ressenti par rapport à
son activité. S'interroger sur certaines de ses faiblesses, vouloir
les corriger, souhaiter changer un peu les choses, renvoie à un
désir de renouveau qui est essentiel pour son épanouissement
personnel. Ainsi, pour vous aider à vous interroger sur vous-
même, voici quelques pistes de réflexion.*

SE POSER LES BONNES QUESTIONS

Les questions qui suivent sont là pour vous aider à réfléchir sur votre pratique. Elles sont essentielles car elles vous permettent de ne pas sombrer
dans l'immobilisme. Un bon acteur interroge constamment son personnage, alors pourquoi pas vous ?

Répondez par écrit aux questions et tâchez de rester objectif.

Le contenu de vos cours

Vous semble-t-il pertinent et d'actualité ?

Le renouvelez-vous fréquemment ?

Vos supports vous semblent-ils adaptés ?

Respectez-vous vos objectifs en termes de contenu ? Savez-vous gérer votre
temps ?

Pouvez-vous citer les points positifs de votre cours ?

Voyez-vous des améliorations à apporter à votre cours ?

Votre comportement en cours

Vous déplacez-vous régulièrement?

Avez-vous le sentiment d'utiliser judicieusement votre corps (mimiques, gestes…)?

Êtes-vous souvent essoufflé ou fatigué après une heure de cours?

À votre avis, comment vos élèves vous voient-ils?

Pouvez-vous définir le climat qui règne pendant vos cours?

Avez-vous le sentiment de vous ennuyer en cours?

Utilisez-vous les supports mis à votre disposition par votre établissement (tableau, vidéoprojecteur, rétroprojecteur, lecteur DVD)?

Vous trouvez-vous académique, original?

Pensez-vous être un prof empathique?

Haussez-vous souvent le ton en cours?

Votre attitude en dehors de la salle de cours

À votre avis, comment vos collègues vous voient-ils?

Quelles relations entretenez-vous avec votre hiérarchie?

Êtes-vous à l'origine de projets de groupe?

Passez-vous du temps dans la salle des profs?

Savez-vous écouter les autres?

Votre personnalité

Vous sentez-vous stressé à chaque début de cours?

Faites-vous attention à votre apparence?

Aimez-vous travailler en équipe?

Vous estimez-vous autoritaire?

Quelles relations entretenez-vous avec le pouvoir?

Si vous aviez la possibilité de changer de métier, le feriez-vous?

Vous faites-vous confiance?

Prenez-vous des risques et aimez-vous en prendre?

Analyser les résultats

L'objectif de ce petit test n'est pas de vous apporter une réponse claire et définitive sur les relations que vous entretenez avec votre métier. Il s'agit seulement de vous faire réfléchir, dans le cadre d'une élaboration personnelle, sur vos *points d'appuis* et vos *points de vigilance*, en toute lucidité et cela, dans une volonté de progresser.

N'amalgamez pas points d'appuis/points de vigilance et qualités/ défauts. Ce vocabulaire est utilisé dans le cadre de recrutements professionnels et il n'est pas là pour cataloguer des défauts rédhibitoires.

• Le point d'appui correspond à un acquis, un élément solide sur lequel vous pouvez compter.

• Le point de vigilance est un élément qui, s'il devenait excessif, serait un défaut.

Dans le cadre de l'enseignement, un point de vigilance (par exemple, le prof trop affectif) peut être un moteur de réussite, tant que l'on apprend à l'utiliser avec modération.

SE CONFRONTER À SON IMAGE

La méthode est plus radicale et peut même être assez douloureuse… elle est cependant redoutablement efficace et tout professeur devrait «en passer» par-là. Il s'agit de se filmer en train de faire cours… Le plus difficile est de comparer l'image mentale que nous nous faisons de nous-mêmes et la réalité crue du petit écran. L'intérêt de cette pratique est qu'elle vous permettra de vous rendre compte le plus rapidement possible de tics langagiers, de mimiques désagréables, d'une mauvaise gestion de l'espace, etc., mais aussi d'éléments plus positifs, comme la passion avec laquelle vous parlez de la reproduction des poissons!

PAROLES D'EXPERT

Pour Michèle Harfaut[1], le fait de se voir – une fois dépassé le côté désagréable pour certains – permet d'observer les gestes parasites, nerveux ou non assumés, le regard fuyant, la monotonie de la parole, le manque d'énergie ou le surplus de tension, la rapidité du débit, etc. Le miroir ne fait que figer. Ce serait comme une photo par opposition à un film. Dans le miroir, on veut se plaire et on parvient à se maîtriser. Face à la caméra, le naturel nous échappe forcément. Le travail de visionnage permet le commentaire et l'analyse.

De la même façon que pour le test précédent, vous vous devez de débriefer le contenu filmique avec recul et esprit critique. Il ne s'agit pas de se contenter d'une lecture au premier degré, mais de déconstruire les codes, de tout type, qui président à votre cours. Posez-vous des questions simples, mais efficaces : qu'est-ce qui est agréable/désagréable chez moi ? Quels sont mes tics verbaux ? Suis-je d'apparence fragile ? autoritaire ? dure ? Ma façon de m'habiller est-elle signifiante ? Comment me perçoit-on quand je porte des couleurs sombres ? des couleurs vives ? Etc.

S'OUVRIR AUX AUTRES

Allez voir ailleurs si vous y êtes...

Cet auto-diagnostic ne sera efficace que si vous parvenez à vous ouvrir aux autres et à leur demander conseil. Pourquoi ne pas aller interroger vos collègues sur leur pratique professionnelle ? Ou mieux, pourquoi ne pas demander à assister à un cours ? L'autre doit être une source d'inspiration pour vous, ce qui ne veut pas dire que vous devez le copier fidèlement. Votre collègue de biologie, aussi sympathique soit-il, commet lui aussi des erreurs. À vous d'avoir un regard critique et de prendre ce qui est à prendre.

---

1. Vous retrouverez les conseils avisés de Michèle Harfaut, professeur de théâtre et coauteur de cet ouvrage, au fil de votre lecture, dans cette rubrique *Paroles d'expert*.

Ouvrez les portes de votre classe

Ce n'est pas une trouvaille : ce qui se passe dans une salle de classe reste bien souvent entre les élèves et le prof. Pourtant, il est intéressant de faire venir un collègue dans l'arène afin de lui demander son avis sur votre pratique. Évidemment, il faut trouver le « bon » collègue : celui qui aura suffisamment l'esprit d'analyse et saura formuler certaines critiques avec diplomatie. Si vous êtes professeur stagiaire, les visites-conseil de votre tuteur pédagogique sont très importantes et vous aideront à mettre le doigt sur une faiblesse ou un point fort. En théorie, l'inspection est censée être le moment de mettre à plat sa pratique et de profiter du regard de l'inspecteur pour progresser. Mais bien souvent, les inspections prennent des allures d'examen et l'on oublie la dimension « conseil », ne songeant qu'à la vilaine note qu'on aura, c'est sûr, au final.

Affronter son image peut être douloureux, mais dites-vous que c'est une clé pour progresser et aller vers plus d'épanouissement. L'objectif, en tentant au maximum de gommer les imperfections, est de valoriser ce que l'on fait.

Respirer, se relaxer, gérer son trac

Zen, soyons zen !

La question du trac hante l'acteur… et le prof! Que vous ayez ou non une longue expérience de votre métier, chaque rentrée, chaque situation un peu conflictuelle avec un groupe appelle son petit lot d'angoisses. Pour apprivoiser son trac et en faire votre force, voici quelques petits conseils venus directement du monde théâtral.

LE TRAC, UN ENNEMI QUI VOUS VEUT DU BIEN

Le trac est inévitable. On ne pourra pas le supprimer totalement. En revanche, il est possible de l'atténuer et de «faire avec». Pour savoir le reconnaître, et tenter de rationaliser, voici les manifestations physiques du trac:

- sensation de bouche sèche, gorge serrée;
- jambes molles, impression désagréable que le plancher des vaches se dérobe sous vos pieds;
- envie de faire pipi;
- tremblements;
- mal au ventre;
- fortes palpitations avec un cœur qui bat à 100 à l'heure.

Afin de ne pas tomber dans l'angoisse totale, il convient de ne pas confondre trac et peur. Le trac est positif. C'est une sorte de tension-excitation qui concentre et a soif d'agir. Très souvent, il quitte l'acteur assez rapidement et en cours de jeu. Bien sûr, le trac, un soir de première, n'est pas le même que celui que l'on continue à sentir au cours des représentations. Il ne faut donc pas en faire un ennemi, ni s'en étonner. Il est normal de ne pas considérer la prise de parole en public comme une chose anodine, surtout si on en a peu l'habitude. Avec le temps et la pratique, on acquiert du recul. On reconnaît les mêmes effets déclenchés par les mêmes causes et on se rappelle, parce qu'on finit par se connaître, que tout s'est toujours bien passé. Au pire, on peut toujours imaginer une situation de repli. La peur pourrait alors venir de l'inconnu : « Que va-t-il m'arriver ? » Or, je peux assez bien imaginer le déroulement d'un cours, du moins, sur le plan du contenu scientifique. Si déjà celui-ci est cadré, on limite la casse…

LUTTER CONTRE LE TRAC, AVANT LES COURS

Anticipez sur le cours

Si le trac vous envahit et vous paralyse, contruisez un « scénario-réussite » : pensez à votre cours et tâchez de le faire dérouler dans votre esprit en positivant ; il est clair que si celui-ci est un peu bancal, il sera davantage source de stress. C'est pourquoi, la première des choses à faire pour lutter efficacement contre son trac est de préparer de manière rigoureuse et créative ses supports de cours.

Ce scénario doit être construit si précisément et si positivement qu'il soit impossible de ne pas sourire. Chercher à sourire d'aise, de plaisir. Pour réduire au maximum l'inconnu, la seule solution est la préparation, le calibrage et la répétition. « Plus je suis sûr de moi, plus j'ai travaillé, répété, testé, moins j'ai peur. » Il ne faut pas hésiter à formuler tout haut, à demander à un ami de faire le cobaye. On n'imagine pas un acteur montant sur scène sans avoir répété. Il ne faut donc pas hésiter à répéter un cours devant la personne de son choix, en partant du principe qu'on est soi-même son propre metteur en scène. L'objectif ici n'est pas de chercher les conseils ni les opinions, mais de vérifier si ce qu'on cherche a été obtenu. Poser des questions : « Qu'as-tu entendu ? Était-ce agréable ? Pourquoi ? Désagréable ? Pourquoi ? Clair ? Quand as-tu décroché ? Pourquoi ? »

Apprenez à respirer

Une bonne respiration est à la base d'une pratique enseignante efficace et évite la fatigue. Si vous êtes en situation de stress, votre respiration aura tendance à se bloquer. Pour remédier à cela, pensez à faire
quelques exercices avant l'entrée en cours, afin d'affronter vos élèves
avec un corps parfaitement détendu.

EN PRATIQUE

APPRENEZ À RESPIRER

Allongez-vous sur le dos, parfaitement décontracté, laissez tomber les
bras sur les côtés, les paumes des mains vers le plafond, à une vingtaine
de centimètres des hanches. Il est préférable de vous mettre sur un tapis
plutôt que sur un lit. Vous vérifiez les tensions. Si vous en repérez, contractez plusieurs fois et rapidement les endroits concernés, jusqu'à ressentir
le relâchement.

Lorsque vous êtes satisfait de votre position, (sans oreiller, sans chaussures, sans vêtements trop serrés) écoutez votre respiration et localisez-la.
L'endroit à trouver est à la base des côtes flottantes. Posez-y votre main,
qui se soulève quand vous inspirez et qui s'abaisse quand vous expirez.
Restez bien à l'écoute de ce fonctionnement. Entre les dents, produisez
un petit sifflement (une sorte de « sss » qui accompagne doucement l'expiration). Ne forcez pas. Allongez, ensuite, ce sifflement et commencez à
sentir que « ça travaille », sous la main. Restez en apnée deux secondes
et laissez entrer l'air en relâchant. L'inspiration se fait donc par le processus du relâchement.

Préparez-vous physiquement

EN PRATIQUE

ÉTIREZ-VOUS

Pensez à faire des petits exercices d'étirement avant et après votre entrée en
cours. L'intérêt ? Dans le premier cas, vous vous préparez physiquement, car
n'oubliez pas qu'un bon prof doit faire fonctionner la tête mais aussi le corps
et dans le second cas, relâchez les tensions accumulées pendant le cours.

.../...

.../...

Trouvez des mouvements qui vous font du bien. C'est à vous d'être à l'écoute de votre corps.

DÉTENDEZ-VOUS AVANT D'ENTRER EN COURS

Il faut compter son temps d'expiration, qui doit être plus long que celui d'inspiration. J'expire sur 10 secondes, par exemple et j'inspire sur 5. Les épaules doivent être basses. Vérification des tensions au niveau du cou, des épaules. La respiration doit être ventrale.

Si personne ne risque de vous entendre: bougez de manière souple et anarchique en produisant des sons. Plus on a l'air idiot, moins c'est civilisé et organisé, mieux c'est. On peut changer trois fois de manière de bouger et de son. Les sons ne doivent pas imiter quoi que ce soit mais sortir spontanément (durée: 2/3 minutes).

On peut s'imaginer aussi dans une sorte de chewing-gum géant dont on voudrait se débarrasser. Tout est actif, des doigts au visage, de la tête aux pieds.

Il est important ensuite de récupérer une respiration régulière. On peut s'asseoir sur une chaise, écouter sa respiration et faire une sorte de « voyage du corps ». Il s'agit de formuler mentalement tout ce qui peut se décrire très précisément par exemple: « Je suis assis, ma main droite est posée sur ma cuisse, mon pied gauche est sous ma chaise, mon pied droit est à plat... »

ET PENDANT LES COURS?

Pas de panique

Vous vous êtes préparé, vous y êtes... et ça ne le fait pas du tout: boule au ventre, tempes humides, mains moites... le «scénario-réussite» sur lequel vous avez travaillé n'est pas du tout opérationnel, la relaxation non plus, le trac vous envahit.

Si vous êtes dans cette situation – et ne nous leurrons pas, tout le monde l'a été au moins une fois... – tâchez de garder votre calme, de caler votre respiration sur celle de vos élèves, forcément plus détendus que vous. Et juste avant votre cours, pourquoi ne pas vous représenter mentalement une situation qui a été source de bonheur et de sérénité pour vous ? Si vous imaginez des moments paisibles, vous éviterez peut-être de vous projeter en train de perdre le fil en cours...

Affrontez votre public par le regard

Regardez votre auditoire et ne tentez pas de le fuir. Cela vous mettrait dans une position très instable et vos élèves sentiraient votre trac.

Concentrez-vous sur votre corps pour trouver votre équilibre et l'ampleur qui vous donnera l'énergie nécessaire pour progresser dans votre cours.

> ### LE TRUC EN +
>
> Pour trouver l'ampleur qui rendra vos mouvements souples, pensez à l'exercice de l'engagement des bras. Imaginez que vous avez une petite balle dans la main et parlez à sa mesure. Imaginez qu'elle grossit. Les mains s'écartent et le texte s'amplifie.

Et n'oubliez pas l'essentiel : la solution au trac réside dans l'action. À partir du moment où l'on sait ce qu'on a à faire, où l'on se donne un objectif précis, la concentration prend le relais : on est là, oui, mais pour faire quelque chose, pour convaincre, pour expliquer. Et si l'on a bien préparé son sujet, on évitera d'être complètement submergé par l'angoisse...

" *Ma première conférence en public était une présentation de l'avancement de mon travail doctoral. Cet exercice était la source d'une appréhension certaine du fait de la convergence de facteurs déstabilisants : en premier lieu, une trentaine de personnes autour de vous, orientées vers vos propos, ensuite, le fait d'avoir conscience du statut de l'auditoire (nombreux professeurs d'université...), que vous savez ou sentez infiniment plus compétents, enfin, la difficulté à percevoir la qualité intrinsèque de votre travail. Tout ceci a fait de ce moment une expérience riche en enseignements. Il est indispensable de bien préparer son intervention, moyen le plus sûr d'éviter un dérapage. D'autre part, il faut minimiser la pression sociale imposée par la salle. Comme me le confirmeront les diverses conférences suivantes, les gens présents ne sont pas là systématiquement pour vous déstabiliser, lorsqu'ils vous écoutent...»*

Bruno M., prof de gestion en IUT.

Le plus important est d'être prêt. C'est le meilleur moyen d'exploiter un stress positif tout en évitant un trac trop important. Et même si certaines remarques peuvent toucher, il faut garder à l'esprit l'aspect constructif de ces échanges.

Partie 2

Mettre en scène et improviser

Dépasser l'épreuve du premier contact

Entrez dans la lumière...

L'épreuve du premier cours... Que l'on soit un prof débutant ou non, on redoute toujours plus ou moins de se retrouver face à de nouveaux élèves. Pourtant, les enjeux du premier cours sont importants. Les astuces qui suivent vous aideront peut-être à faire de ce premier contact une base solide pour le reste de l'année.

LES OBJECTIFS DU PREMIER COURS

Si vous avez bien défini les objectifs de votre premier cours et que vous parvenez clairement à faire passer cette information à vos élèves, il n'y a pas de raison que la rencontre se passe mal.

Rationalisez !

Rappelez-vous donc que vous avez quatre objectifs principaux :
- informer les élèves sur la matière que vous enseignez, sur votre façon de fonctionner en tant qu'enseignant, sur les règles en classe (le travail attendu, votre politique par rapport à l'incivilité, à l'absentéisme...). Cela consiste en gros à vous présenter, à donner un aperçu de votre personnalité. Soyez un peu original et tentez de trouver une façon de faire qui fasse la différence ;
- recueillir de vos élèves certaines informations ;
- susciter leur intérêt ;
- créer une ambiance de travail agréable et stimulante.

LE TRUC EN —

Être obsédé par l'autorité. Vous vous poserez certainement une foule de questions : « Est-elle naturelle chez moi ? Comment faire pour l'imposer ? Dois-je distribuer des punitions à tour de bras ?... » Ne vous butez pas trop sur cette question et dites-vous que la règle d'or est de ne laisser passer aucune incartade, et c'est tout. Le reste viendra naturellement, selon les objectifs que vous vous êtes fixés.

Organisez-vous en amont

En une heure, atteindre tous ces objectifs vous paraît peut-être ambitieux. Alors pour ne pas perdre de temps... ou la face, vous devez vous organiser AVANT ce cours fatidique.

- Arrangez-vous pour avoir la liste de vos élèves quelques jours avant. Cela vous permettra de prendre connaissance des noms, de vous entraîner à les prononcer pour vous éviter les bafouillages en série.

LE TRUC EN +

Certains établissements proposent un trombinoscope. Même si les photos ne sont pas toujours d'une grande qualité... à étudier de très près avant la rentrée.

- Arrivez avant vos élèves : cela vous permettra de noter votre nom au tableau, de vous familiariser avec la salle de cours et le cas échéant d'aller chercher craies ou marqueurs.
- Montrez que vous avez de l'intérêt pour eux. Pourquoi ne pas leur faire remplir une fiche avec une ou deux anecdotes personnelles ?

Au travail !

L'idéal est que la présentation générale de ces divers objectifs ne vous prenne pas toute l'heure... Il est en effet souhaitable de mettre vos élèves au travail dès le premier cours. Cela montrera votre efficacité et votre motivation. Vous vous serez de plus imposé d'emblée comme « gestionnaire de classe », mais aussi comme personne dotée d'un savoir et dont l'objectif premier est de le transmettre.

LA BONNE ATTITUDE

Gérez le stress

Le premier jour est arrivé et quelle que soit votre expérience en la matière, vous avez la boule au ventre. Vous ne connaissez pas vos élèves, de plus, cette année, vous changez de niveau... parfois même, vous avez carrément changé d'établissement.

Le stress est bel et bien présent. Mais dites-vous qu'il est le même pour les élèves, qui eux non plus ne vous connaissent pas.

Il est vrai cependant que l'effet de groupe joue du côté de ces derniers, et qu'il leur est relativement facile de se faire tout petit, au fond de la salle. Tandis que vous, vous avez le premier rôle... pas moyen de faire appel à une doublure pour le grand jour !

Tâchez donc de vous détendre au maximum : la voix chevrotante, les mains tremblantes sont des détails qui n'échapperont pas à vos chers pupilles.

Et rassurez-vous : le premier cours, s'il est déterminant, n'est pas – la plupart du temps – le plus délicat. En effet, les élèves se tiennent souvent à carreau, et si vous parvenez à vous imposer la situation ne bougera pas trop. Ne vous fiez donc pas trop au premier cours, car bien souvent, il s'inscrit dans une sorte d'état de grâce qui prend fin dès que les élèves ont eux aussi pris leurs marques... À vous de rester vigilant tout au long de l'année.

Construisez-vous un personnage

Le premier cours donne en quelque sorte l'orientation de toute l'année, et un premier cours raté est parfois de mauvais augure...

On conseille bien souvent aux profs débutants de ne pas sourire lors des premiers cours et de se construire le personnage de la « peau de vache » ou du prof tyrannique… effectivement, cela peut être très impressionnant et fonctionner. Mais ce rôle de composition doit aussi être adapté : pensons à ces malheureux sixième qui débarquent dans un nouvel établissement, avec des codes bien différents de l'univers de la primaire et qui ont besoin d'être rassurés. De plus, si le rôle de la peau de vache vous demande un grand effort, vous risquez de vous épuiser très vite et de ne pas apprécier l'ambiance que vous générez dans votre classe. Bref, ne cherchez pas à être quelqu'un d'autre : vos élèves le sentiraient très vite et se feraient une joie de trouver les failles de votre personnage.

> *Discussions à voix haute, ricanements stupides, strapontins qui claquent quand leurs occupants décident de quitter la salle en plein milieu du discours de l'orateur… je suis restée pétrifiée en découvrant le comportement de mes futurs élèves, pendant une conférence à laquelle j'assistais. Moi qui me faisais une joie d'enseigner en post-bac pour trouver des gens matures et pouvoir être un peu « cool » sans que cela ne dégénère… Quelle déconvenue !*
>
> *Quelle chance, aussi, de ne pas avoir fait ce constat dans ma salle de classe : j'ai, ainsi, pu élaborer une stratégie qui a porté ses fruits.*
>
> *Visage fermé, vêtements stricts, liste des limites à ne pas dépasser, renvoi de deux ou trois perturbateurs qui avaient osé bavarder… il ne me manquait plus que le fouet ! Ce premier cours a été une vraie réussite en termes de démonstration de force. J'ai eu, d'entrée, la réputation de la fille qu'il ne faut pas contrarier et, du coup, une paix royale pendant toute l'année.*
>
> *Petit problème : ce genre d'attitude ne suscite pas vraiment la participation des élèves, ce qui est gênant dans un cours de communication… Alors, j'ai lâché du lest au bout de quelques mois, tout en restant sur mes gardes. Et ça a marché ! »*

Catherine C., prof de communication en IUT.

Souriez, vous êtes filmé !

Partons donc du principe que lors des premiers cours, vous pouvez vous autoriser à être vous-même, à sourire, en étant particulièrement attentif à ne pas vous laisser dépasser par vos élèves. Le sourire contrôlé est donc de mise : c'est le sourire qui montre que vous êtes une personne ouverte au dialogue, mais c'est aussi le sourire qui sait se transformer en grimace dès lors que vos élèves ne se comportent pas comme il le faudrait.

LE TRUC EN +

Soyez capable d'expliquer les règles de vie en classe et votre façon de travailler en souriant... sans excès, bien sûr. Il n'est pas du tout inconcevable d'expliquer que vous ne supportez pas les élèves qui passent leur heure à bavarder et se retourner.

En bref, lors de votre premier cours, soyez particulièrement attentif aux vingt premiers mots que vous allez prononcer, aux vingt premiers gestes que vous allez faire et aux vingt premiers regards que vous allez échanger.

Ritualiser le déroulement du cours

Les trois coups

*On est lundi, il est huit du matin et vous avez du mal à vous ren-
dre compte que le week-end est fini et que vous vous trouvez
devant les 3^e7, votre classe la plus dissipée. Il va pourtant falloir
prendre sur vous et ne pas négliger les rituels qui président à
l'accueil de ces mignons…*

ACCUEILLIR SES ÉLÈVES

Prendre la température

Dès l'entrée en cours, vous savez quel état d'esprit préside chez vos
élèves… Perturbés par un événement particulier, par l'actualité, ou
simplement parce qu'il neige, fatigués par l'évaluation de deux heures
de mathématiques ou – pire encore ! – deux heures de sport…

Et vous, il vous faut faire avec tout cela…

Pour calmer les esprits, ne rentrez pas dans leur jeu et ayez une attitude
distante par rapport à tous les commentaires qui scandent l'installation
de vos pupilles… Ainsi, ne répondez jamais aux questions intempestives de vos élèves (*« Eh M'sieur, c'est vrai que M'sieur Trucmuche est
absent demain ? »*) Balayez d'une rapide phrase ces questions, ou dites
que vous y répondrez à la fin du cours… si vous avez les réponses et si
ces questions ont un intérêt particulier.

LE TRUC EN +

Certains professeurs commencent leur cours par l'«humeur du jour», et proposent à un élève volontaire d'évoquer un sujet qui lui tient particulièrement à cœur… cette idée a l'avantage de libérer la parole des élèves, tout en la cadrant (en ayant désigné un «maître du temps» car ces pratiques peuvent très facilement déborder).

Imposer le silence

La question du silence est primordiale. En effet, c'est à travers lui que vous marquez la frontière entre l'espace récréatif et l'espace du travail.

On sait, par la facilité qu'on aura à imposer le silence, si oui ou non le cours sera efficace. Mais en pratique, les choses ne sont pas forcément évidentes… Ainsi, ne commencez pas un cours sans avoir imposé le silence, tout comme l'acteur ne commence pas sa représentation sans que la salle ne se soit tue.

À vous de trouver un système pour obtenir le silence le plus rapidement possible, et sans vous égosiller : vous ne produirez d'autre effet que d'être ridicule en hurlant «*Silence*», et vous risquez d'endommager votre voix. Si votre groupe est du genre calme, vous pouvez tenter le : «*S'il vous plaît, on se met au travail*». Taper sur son bureau avec une règle peut également faire réagir positivement les plus bavards.

L'idée est de ne pas faire de votre salle de cours un prolongement de la cour de récréation ou du couloir. La menace du contrôle est également une valeur sûre, à condition que vous ne l'utilisiez pas à chaque fois, et surtout que vous en ayez un tout prêt dans votre cartable.

LE TRUC EN +

Restez vous-même longuement silencieux en scrutant vos élèves de façon très intense, notamment ceux qui continuent à discuter… la méthode a porté ses fruits chez bien des enseignants. Mais attention ! Tout est ici une question de présence et de charisme : rester silencieux sans manifester physiquement son autorité est peine perdue !

Casquette, portable : les irréductibles

Une fois tout ce petit monde installé, faites rapidement un tour d'horizon pour repérer ce qui dans votre paysage bouleverse votre sens esthétique. Par là, on entend :

- les étudiants qui s'obstinent à garder leur casquette ;
- ceux qui n'enlèvent pas leur anorak ;
- ceux qui mastiquent bruyamment un chewing-gum ;
- ceux qui continuent leur conversation téléphonique ou envoient un texto ;
- ceux qui n'ont toujours pas sorti leur matériel…

Pour tous ces cas de figure, il vous faut être clair dès le début du cours : vous êtes en droit de demander à un étudiant d'enlever son blouson, sa casquette. Un cours, ce n'est pas seulement un contenu scientifique, c'est aussi des règles de vie en commun. Si certaines de ces règles ne sont pas évidentes pour tout le monde, à vous de recadrer…

LE TRUC EN —

Le portable qui sonne, vous n'y échapperez pas. Là-dessus, votre politique doit être ferme et constante. Aucune circonstance atténuante, pour eux… comme pour vous ! Renseignez-vous : le règlement intérieur peut grandement vous faciliter la tâche en étant très ferme avec les sonneries intempestives (par exemple, la confiscation dudit appareil et sa remise aux hautes autorités). Et vous ? Mais vous n'y êtes pour rien, vous ne faites qu'appliquer le règlement !

INSTAURER UNE AMBIANCE DE TRAVAIL

Vous avez beau être un prof « cool », il vous faut pendant votre cours construire un cadre qui vous permette, à vous et vos élèves, de travailler dans les meilleures conditions. Tout ne dépend pas de vous, c'est vrai, mais les règles que vous fixerez y seront pour beaucoup !

Faire l'appel

Une fois les élèves installés, le cours peut commencer, sauf si vous avez passé plus de trois quarts d'heure à convaincre Nicolas de lâcher son chewing-gum ou son portable…

Vous pouvez procéder à l'appel. Certains profs zappent cette étape, en comptant rapidement les élèves, ou la repoussent à la fin du cours… chose qu'ils ont de fortes chances d'oublier. C'est un tort de ne pas procéder à l'appel, et la plupart du temps, les élèves en profitent pour s'absenter davantage. De plus, lors du conseil de classe, on ne se contente pas d'évaluer mathématiquement le niveau d'un élève : on fait également part de son assiduité. Faire l'appel à chaque cours est le meilleur moyen d'être imparable de ce côté-là !

Le must est encore d'appeler vos élèves un à un. En début d'année, cela aura l'avantage de mettre des visages sur des noms, et en cours d'année, de mobiliser l'attention de vos charmants élèves, au moins au moment où ils entendront leur nom… c'est déjà ça !

LE TRUC EN +

Impliquez vos élèves dans ce rituel et faites-leur faire l'appel chacun à leur tour. Cela aura peut-être le mérite de les faire taire plus facilement.

Flash-back

Ne commencez jamais votre leçon sans avoir fait un rappel rapide de ce qui a été vu le cours d'avant. Cela vous donnera plus de cohésion. C'est aussi l'occasion pour vous d'interroger un ou deux élèves sur la leçon précédente et de vérifier l'étendue des connaissances. Profitez-en pour faire un tour de salle afin de vérifier si :

- le travail demandé a été fait ;
- les élèves ont bien leur matériel.

LE TRUC EN +

Instaurer des règles très strictes dès le début de l'année concernant le travail à effectuer. Plutôt que de vous lancer dans des grands discours moralisateurs à l'encontre de l'élève qui n'aura pas fait son travail, vous n'aurez qu'à appliquer la règle que vous vous êtes fixée, règle que vos chérubins sont censés bien connaître.

Arrivé à ce niveau, le cours à proprement parler peut commencer. Les élèves et vous-mêmes êtes en phase de travail…

TERMINER UN COURS DANS LE CALME

Tout a une fin…

La fin du cours approche… vous le sentez à la fébrilité certaine qui anime vos élèves…

Quoi qu'il arrive, c'est vous qui décidez de la fin d'un cours. Ce n'est ni la sonnerie, ni l'élève. Évitez cependant les tournures malheureuses comme *« La cloche, c'est moi »*, vous perdriez un peu de votre crédibilité.

Il est dès lors impensable que Nicolas, toujours pressé, commence à ranger ses affaires avant que vous n'ayez conclu. Les bruits de blousons et de trousses qu'on referme sous votre nez sont particulièrement agaçants… si cela se produit, arrêtez-vous, longuement, s'il le faut, et faites-lui comprendre qu'il compromet, par son attitude, la sortie de l'ensemble du groupe.

Pour que vos élèves saisissent que c'est de vous que dépend la fin d'un cours, établissez là aussi un petit rituel.

Maîtriser la conclusion

Quand la phase de travail touche à sa fin, c'est le moment pour vous d'annoncer le travail à faire pour le cours suivant. Notez-le au tableau si vous en sentez la nécessité, mais surtout imposez à vos élèves de sortir leur agenda afin qu'il reste une trace écrite de ce que vous avez demandé.

LE TRUC EN +

Soyez ferme et cohérent : vous ne pouvez autoriser vos élèves à noter le travail à faire dans leur PDA ou leur portable, alors que vous vous êtes battu en début d'heure pour qu'ils éteignent et rangent ces mêmes appareils. S'ils peuvent se payer un appareil hypersophistiqué, ils peuvent décemment s'offrir un bel agenda !

Avant de lâcher les troupes, instaurez des modalités de sorties de vos élèves : l'un efface le tableau, l'autre ferme les fenêtres s'il s'agit du dernier cours, ou les ouvre, pour renouveler l'air – petit geste sympathique pour le collègue qui suit – chacun range sa chaise, ramasse les papiers qu'il aura malencontreusement laissé traîner… et on sort ! Toujours dans le silence, dans l'idéal, mais là, ne rêvons pas trop…

> *Un professeur ritualise forcément son cours. Diverses formes peuvent apparaître. Au début d'un cours, on attend tout simplement que les élèves s'installent. Personnellement, j'attends jusqu'à ce que le silence s'installe de lui-même. De toute façon, une classe de BTS est composée d'adultes ou de pré-adultes et on repère facilement ceux qui ne souhaitent pas travailler. Ceux-là, on les canalise d'emblée sans toutefois éviter tout dialogue.*
>
> *Le titre du cours est d'abord donné, puis je le marque au tableau ainsi que les objectifs. Je fais en sorte d'y noter également le plan et les idées essentielles. Le reste est soit dicté, soit pris en note. De temps en temps, une touche d'humour permet à la classe de relâcher son attention pour mieux la recentrer ensuite. Lorsqu'ils travaillent, je passe dans la classe pour vérifier l'avancement de leurs exercices et je corrige les éventuelles erreurs, ou je les guide s'ils ne parviennent pas à avancer. Les erreurs sont reprises pour l'ensemble de la classe pour qu'ils s'autocorrigent. La correction se fait à l'oral et donne souvent lieu à des débats.*
>
> *Afin qu'il n'y ait pas de soucis de discipline, les consignes sont données dès les premières heures passées avec eux (voire la toute première). Je fais la liste de tout ce qui me déplaît et je leur donne la sanction qui va de pair. Je termine par une boutade, mais ils savent à quoi s'en tenir. En revanche, j'applique strictement ce que je leur ai dit (par exemple,*

si au bout de trois fois ils oublient leurs affaires, ils sont exclus de mon cours ; s'ils me rendent un devoir avec un jour de retard, ils ont – 3, etc.). Il ne faut pas revenir sur ce que l'on a dit, sinon on n'est pas crédible. Les élèves apprécient généralement les règles et la discipline instaurées par le professeur. Il ne s'agit pas non plus d'être un gardien de prison. »

Yves R., professeur de physique en BTS.

Le rituel du cours est important pour l'ensemble de la classe, vous inclus. Il permet d'instaurer un certain nombre de repères et de rappeler à vos élèves qu'un cours a un cadre, dont il ne faut pas déborder.

Gérer son corps dans l'espace

L'Odyssée de l'espace

L'immobilité du corps n'est pas naturelle, et dans le cadre d'un cours elle est perçue négativement. Il n'y a en effet pas loin de l'immobilité à l'immobilisme et à tout ce que cela dénote (conservatisme, rigidité…). Être en mouvement, être dans le mouvement, c'est être dans l'action. Pas question pour autant de passer deux heures de cours à parcourir de long en large votre salle de classe. Chaque déplacement doit avoir du sens. À vous de le construire !

INVESTIR L'ESPACE PAR LE CORPS

Être en mouvement

Changer de place en cours, c'est se donner la possibilité de changer de point de vue et d'avoir une nouvelle vision de votre classe. Votre mobilité en cours montre votre facilité à vous approprier l'espace, et donc votre assurance.

> **LE TRUC EN —**
>
> Le prof qui reste accroché à son estrade ou à son bureau ne se laisse pas la possibilité de connaître les élèves du fond de la classe, ceux pour lesquels il faut bien souvent redoubler d'attention. De plus, son attitude immobile pourra passer pour un instinct de protection.

Être en mouvement c'est donc solliciter l'autre constamment, aller chercher physiquement l'élève qui roupille allègrement au fond de la salle.

Des déplacements toniques

Il n'est pas question pour autant d'évoluer dans l'espace nerveusement, de façon irrationnelle, ou encore les bras ballants et le corps voûté.

Vos déplacements doivent être toniques, actifs, précis mais non précipités. Vous ne vous entraînez pas pour le marathon. De la même façon, un mouvement du corps mou aurait l'effet inverse sur votre auditoire et provoquerait des soupirs las et pourrait même avoir un aspect soporifique dont vous n'avez pas forcément besoin.

Investir l'espace, tout comme l'acteur qui a une sensation bien précise de l'espace scénique, est aussi une façon pour vous d'affirmer votre autorité. Celle-ci ne s'arrête pas au niveau du tableau…

LE TRUC EN +

Vous déplacer régulièrement vous permettra de repérer les élèves qui ne prennent pas de notes ou qui s'adonnent à des activités sans aucun lien avec le contenu scientifique de votre cours.

Pensez à mettre une paire de chaussures confortables, qui ne grincent ou ne couinent pas… semelles en plastique s'abstenir !

Ménagez des pauses

Encore une fois, si le mouvement dans un cours est essentiel, il ne doit pas être constant. Il vous faut donc trouver un équilibre entre mobilité et immobilité. Savoir s'arrêter et rester immobile peut être très efficace, par exemple pour ménager des temps forts d'écoute ou encore pour faire comprendre par votre corps que vous réclamez le silence. Vos mouvements ont du sens… votre immobilité aussi !

LE TRUC EN —

Le prof qui se prend les pieds dans les cartables de ses élèves et qui tombe. Apprenez à vos élèves à respecter l'espace de la salle et faites-leur vite comprendre que les allées sont ici pour vous permettre de vous déplacer. Aucun cartable donc, et pas de croche-pieds non plus.

Apprenez à gérer l'espace en fonction des interventions de vos élèves. Ainsi, lorsque l'un prend la parole, partez dans la direction opposée. Cela vous permettra de tester les capacités vocales de votre orateur et de lui faire gentiment remarquer de monter le son pour le cas où celui-ci murmure. Mais restez en contact avec lui en le regardant. Votre déplacement ne doit pas lui faire penser que vous vous moquez de son intervention.

GARDER SES DISTANCES

La gestion de l'espace est importante, car elle détermine la nature de la relation que nous entretenons avec l'autre. En règle générale, un prof reste à distance, sauf quand il s'agit d'individualiser la relation qu'il a avec tel ou tel élève. Pour ne pas commettre d'impair, voici quelques pistes qui pourront éclairer votre lanterne.

Préservez votre bulle

Il y a un espace qu'en aucun cas vos étudiants ne peuvent se permettre de franchir, c'est votre bulle. Cet espace n'est pas lié à des caractéristiques physiques (telles que votre embonpoint, qui vous fait prendre beaucoup de place ou au contraire), il est avant tout lié à votre statut. C'est un non-dit évident entre vos élèves et vous-mêmes : cet espace ne doit en aucun cas être franchi. Si cette distance n'est pas maintenue, en cas de conflit par exemple, vous vous trouvez dans une situation de déséquilibre gênante, et donc déstabilisante. Dans une situation tendue, au-delà des mots qui sont prononcés – par vous et par votre élève –, soyez toujours attentif à l'intégrité de cet espace…

À l'époque où il y avait des estrades dans chaque salle de cours, cet espace était clairement matérialisé. Aujourd'hui, la relation à l'élève évolue, se modernise, devient mouvement, mais vous devez conserver un espace d'autorité, qui correspond de plus à l'intégrité de votre corps.

De même, vos élèves ont eux aussi un espace à eux que vous ne devez pas franchir. Si l'espace de vos élèves est matérialisé par la table derrière laquelle ils sont installés, frontière véritablement symbolique, le vôtre, dans la mesure où vous êtes amenés à vous déplacer, est moins concret. C'est dans votre corps et à travers lui que vous devez, en quelque sorte, matérialiser cet espace.

LE TRUC EN +

Et même une règle d'or : si un élève s'avise d'entrer dans votre espace, remettez-le très vite à sa place. Il en va de votre autorité et de votre crédibilité. Maintenir une distance physique entre vous et vos élèves est impératif pour vous… comme pour eux.

Respectez l'espace de chacun

Évitez au maximum les gestes de contact avec vos élèves, aussi anodins soient-ils. De la même manière, un élève ne peut se permettre de vous attraper le bras ou effleurer l'épaule. À vous de ne pas vous mettre dans cette situation.

Néanmoins, par moments, vous aurez à vous approcher de la table de tel ou tel élève, afin de lui parler, de lui expliquer de nouveau un élément du cours. C'est d'autant plus important que cette individualisation marquée par un rapprochement spatial ou encore un dialogue plus intime, permet à l'élève d'exister pleinement, ce qui, dans le groupe, n'est pas toujours le cas.

C'était un vendredi. Je donnais mon dernier cours de français à un groupe que je savais particulièrement dissipé. J'ai pour habitude de me déplacer fréquemment en cours afin de tenter de repérer ceux qui ne suivent pas et de les interroger. Le premier tour de salle est aussi pour moi un tour de chauffe et me permet de vérifier que le travail demandé lors du dernier cours a bien été fait. Ce jour-là, Pierre n'avait pas fait son travail. Je lui demande des explications et lui fais remarquer que c'est la deuxième fois en quinze jours qu'il vient les mains dans les poches et que cette attitude n'est pas acceptable. Cause toujours tu m'intéresses... quand je me permets d'insister et passe à la sanction, Pierre s'énerve, se lève et s'approche de moi... Je me suis d'emblée sentie menacée car je savais que l'espace propre à la relation prof-élève n'était plus respecté... j'étais donc dans une situation instable et fragile. Quand on sait que Pierre fait bien ses 1 m 80 et qu'il a la carrure d'un rugbyman, cela n'arrange rien à l'affaire. Je n'ai pour autant pas cherché à reculer, ni à me mettre en situation d'autodéfense et j'ai persisté sur le même ton, en demandant à Pierre de sortir de la salle... ce qu'il a fini pas faire, tout en me menaçant du regard et en avançant d'un pas supplémentaire vers moi.

J'aurais dû dès le départ, au moment où il s'est levé, être plus ferme et ne pas attendre qu'il soit sous mon nez pour le faire sortir... »

Mathilde F., enseignante en lycée.

POSITIONNER SON CORPS

Vous n'êtes pas qu'une tête, et ce corps, dont il vous faut prendre en compte l'importance dans la gestion de votre cours, ne doit pas pour autant donner lieu à des mises en scène exagérées qui sonneraient faux et vous feraient passer pour... un guignol. Sachez vous en servir, mais n'en abusez pas !

Décontraction ?

Au-delà de l'équilibre – déjà évoqué – entre mobilité et immobilité, il est aussi toute une réflexion à tenir sur les positions de votre corps en cours. Chaque prof a son style et l'impose de façon plus ou moins consciente à son auditoire. Il n'y a pas de règle en la matière, si ce n'est d'avoir un positionnement correct pour vos étudiants, et qui ne mette pas à mal votre présence et votre autorité.

En fonction de votre personnalité, de votre charisme, et surtout en fonction du groupe, vous pourrez vous permettre de vous asseoir sur le bureau et de faire cours. Ce n'est en revanche pas du tout recommandé si vous avez encore du mal à vous imposer. L'autorité passe aussi par le corps, et s'asseoir sur un bureau pourrait passer, aux yeux de vos élèves, pour une attitude trop décontractée, laissant la porte ouverte à d'autres comportements que vous ne pourriez pas forcément maîtriser.

LE TRUC EN +

Choisissez votre attitude en fonction du contexte. Il n'est pas exclu par exemple que certains cours, en petit comité, se passent dans une ambiance plus décontractée, vous permettant d'avoir un positionnement en conséquence. Il faut constamment s'adapter, varier, surprendre les attentes de vos élèves.

Restez en interaction avec vos supports de cours

L'espace de votre salle de cours est doté de supports de communication que vous devez utiliser (il n'y a rien de plus désagréable et déstabilisant pour un élève qu'un prof qui ferait un cours magistral sans prendre le temps d'écrire les mots-clés et le plan au tableau). Les mouvements entre la salle et l'espace du tableau doivent être raisonnés, et il vous faut éviter d'écrire au tableau quand un brouhaha sévit dans votre cours : le fait de montrer votre dos à vos élèves ne ferait qu'augmenter le volume des discussions.

LE TRUC EN +

Impliquer vos élèves dans l'utilisation du tableau, en les incitant à venir écrire chacun à leur tour les éléments importants de votre cours ; cette idée vous permettra de conserver une vision panoramique de votre classe. Elle n'est cependant applicable que ponctuellement car elle peut faire perdre du temps.

Cas particulier : les séances d'évaluation… la plupart du temps, vous en profitez pour préparer les cours du lendemain ou pour corriger un paquet de copies. Ne restez pas cependant scotché à votre bureau et faites régulièrement des rondes – on n'est jamais trop prudent.

Pour les profs les plus favorisés, qui travaillent dans des établissements bien équipés, il est possible d'utiliser des supports multimédias, comme un vidéo-projecteur. Si c'est votre cas et que vous souhaitez vous lancer dans l'aventure PowerPoint, sachez que vous devez être en parfaite interaction avec l'écran de projection. Tournez-vous régulièrement vers l'écran – sans pour autant faire dos à vos élèves – et montrez du doigt les éléments particulièrement importants. Le PowerPoint n'est en aucun cas un décor… il peut être plein de vertus pédagogiques, si vous savez l'utiliser dans l'espace.

L'espace est multidimensionnel : c'est un "acteur pédagogique" à part entière, mais c'est aussi des espaces individuels qui se confrontent et qu'il faut savoir respecter afin de ne pas se laisser déborder.

Maîtriser la gestuelle, éliminer les gestes parasites

Tchao Pantin!

Votre corps parle, ressent… l'objectif est pour vous d'être en parfaite harmonie avec le contenu de votre discours et votre posture corporelle. En clair, il vous faut constamment faire le lien entre communication verbale et non verbale.

UN CORPS ENGAGÉ DANS L'ACTION

Vous connaissez votre cours sur le bout des doigts ; néanmoins, il va falloir le transmettre le plus efficacement possible. Pour cela, votre corps et la prise en compte de votre environnement sont essentiels.

Comme un acteur…

Rappelez-vous : l'*actio* correspond en rhétorique classique à la mise en scène de l'orateur. Vous êtes l'orateur et vous vous devez d'être convaincant. Être convaincant passe pour moitié par une bonne gestion de votre corps. Il vous faut donc trouver la gestuelle qui sera efficace en termes de communication non verbale, mais aussi – surtout? – qui ne vous mettra pas en position de vous fatiguer inutilement.

Prenez en compte votre public

Cet engagement corporel commence dès votre entrée en cours – à des divers degrés, cependant. Tout dépend en réalité de votre public : dans les classes « faciles » et demandeuses de savoirs, votre engagement corporel sera peut-être moindre que dans les classes peu intéressées par le contenu scientifique de votre matière. Pour ces dernières, il vous faudra davantage jouer sur l'engagement corporel qui vous permettra de construire une relation qui sera la base d'une ambiance de travail efficace.

Faire cours en s'engageant complètement, tant au niveau de la gestuelle que de la voix, du regard, est dès lors beaucoup plus efficace que de le faire de manière statique. Tâchez d'acquérir un comportement qui soit facilement décodable par vos élèves et qui vous permette d'optimiser votre crédibilité.

Tout dépend donc du type de classe auquel vous vous frottez, mais également des dimensions et de la disposition de la salle. Certaines disposent encore de l'estrade, espace censé incarner l'autorité professorale, d'autres non. Il est clair que la gestion de votre corps sera différente dans l'un ou l'autre cas. Le premier vous donnera peut-être un peu d'assurance et de confiance, avec la hauteur qu'il implique ; le second vous orientera vers une relation d'égal à égal et ce sera à vous d'inscrire physiquement votre autorité, par d'autres procédés.

PAROLES D'EXPERT

Il faut adapter votre gestuelle au cadre de votre cours. Dans le cadre d'une conférence, il vous faut la plupart du temps être assis, ce qui ne veut pas dire que vous devez être raide et immobile. La partie supérieure du corps est souple, vos bras et vos mains aideront à animer votre discours. Sachez que vous aurez peut-être aussi à gérer le micro, ce qui, quand on n'est pas un adepte du karaoké, n'est pas forcément évident... Pensez, si vous le pouvez, à faire un test avant votre intervention. Sinon, observez bien les personnes qui interviennent avant vous, afin d'évaluer à quelle distance du micro elles se placent.

S'il s'agit d'un cours en amphi, vous aurez la possibilité d'investir la scène et de rester debout, en mouvement. Parfois, si vous en sentez l'obligation, il vous faudra rompre la frontière public/scène et aller dans l'amphithéâtre lui-même, par exemple lorsque vous voulez développer longuement un transparent ou une diapo et que vous voulez avoir le recul nécessaire pour le faire. Un prof d'amphi qui de temps en temps monte voir ce qui se passe tout là-haut peut surprendre !

© Groupe Eyrolles

À CHAQUE SITUATION, SON GESTE

Vous n'êtes pas une danseuse étoile, ni un gymnaste professionnel. Pourtant, ce corps qui vous suit partout, il va bien falloir s'en faire un allié car c'est à partir de lui que vous parviendrez à être le « prof parfait » ! La plupart des gestes accomplis en cours sont faits mécaniquement. Prenez deux minutes pour prendre conscience et analyser votre propre gestuelle, afin de l'améliorer.

Les gestes d'interaction

Vous n'êtes pas tout seul, et chacun de vos gestes doit être dirigé vers l'autre – l'élève, donc – et permettre la consolidation de votre relation. C'est important pour l'élève car, à travers votre corps, vous lui faites comprendre que vous l'englobez dans la situation de communication. Même lors d'un cours magistral – voire surtout dans cette situation – il vous faut travailler votre gestuelle, afin de ne pas faire cours tout seul.

Ainsi, les gestes qui mettent l'accent sur la relation pédagogique entre vous et votre public ont la part belle en classe. Ils garantissent la prise de parole de chacun des participants.

Distribuez la parole par la main, le menton, le regard. Montrez que vous êtes attentif à la parole de l'autre en manifestant votre écoute par un hochement de tête par exemple.

LE TRUC EN +

Le sourire… tâchez d'être le plus ouvert possible, sauf en situation de crise, bien sûr. Le fait de sourire, d'avoir une posture corporelle ouverte (bras décroisé, corps légèrement en avant…) est un signe d'écoute et de disponibilité.

Les gestes d'autorité

Les gestes qui accompagnent votre discours, comme le fait de montrer la porte à un élève dissipé, ou encore ceux qui se suffisent à eux-mêmes, comme le fait de placer un doigt devant sa bouche pour avoir le silence, de jouer sur l'expression de son visage, sont déterminants dans l'assise de votre autorité.

Pas de règle ici : à vous de construire les signaux les plus efficaces et surtout d'imposer votre style.

Sachez seulement qu'un geste bien placé est tout aussi efficace qu'un haussement de ton... et n'aura aucune conséquence sur votre appareil vocal.

LES GESTES NÉGATIFS

On en a tous, ne vous faites pas de bile... En prendre conscience, c'est déjà se laisser la possibilité de se corriger !

Les gestes parasites

Les gestes parasites – consciemment ou non – montrent votre émotion. Ils n'aident donc en rien le message que vous portez. Ce sont des gestes répétitifs qui, devant un public potache, vont desservir considérablement votre propos, en le ridiculisant.

Gestes brusques, saccadés, tremblements, le fait de se ronger les ongles... En clair, tous les gestes qui trahissent votre nervosité, votre anxiété, souvent bien légitimes, sont donc à limiter au maximum. Ils montrent en effet une certaine raideur qui en soi, est source de comique. Le pire serait de se laisser piéger par un tremblement et de se sentir complètement dépassé.

Pour éviter cela, pensez à contrôler votre respiration, qui est bien souvent à l'origine d'une gestuelle mal contrôlée. Montrez par votre corps que vous n'êtes pas stressé : pas de gestes brusques, pas de mouvements saccadés.

Les gestes d'autodéfense

Vous êtes fréquemment mis en difficulté par vos élèves : questions intempestives, prise à partie plus personnelle. Chaque cours a son lot de tracasseries, et il vous faut à tout instant ne pas perdre la face. Il s'agit alors d'éviter au maximum toute posture qui viendrait signifier un refus de communiquer. Pour ce faire, tâchez de contrôler votre corps qui, lors de situations difficiles, peut vous trahir.

Bras croisés, crispation des mains, gestes répétitifs (replacer une mèche de cheveux ou écraser le pli d'un vêtement…) sont des gestes d'autodéfense qui, même s'ils ne sont pas décryptés ainsi par vos élèves, envoient le signal que vous êtes en situation de fragilité. Ils correspondent à la barrière que vous souhaitez mettre entre vous et vos élèves.

La plupart du temps, le trac que vous pouvez ressentir amplifie les gestes négatifs. Pire, vous bafouillez, vous ne trouvez pas vos mots, et tous les gestes d'autocontact s'accentuent…

LE TRUC EN +

Entraînez-vous à prendre conscience de vos gestes mécaniques. Faites votre cours en vous débarrassant momentanément de ces gestes, et en vous concentrant uniquement sur l'énonciation. En faisant cela, vous vous rendrez compte de l'importance du corps dans l'élocution, et parviendrez à canaliser certains gestes inutiles.

LES GESTES POSITIFS

Ce sont tous les gestes qui vont servir votre propos sans avoir de sens précis. C'est plus dans l'interprétation qu'on en fait qu'ils sont positifs. On parle ainsi généralement de gestes hauts, précis, ronds…

EN PRATIQUE

1. Vous concluez un point de votre cours. Vous rassemblez vos idées en regroupant vos mains au niveau de votre nombril. Vous accompagnez ce geste d'un léger mouvement du menton qui part en avant et vous fixez votre interlocuteur.
2. Vos mains sont croisées en dessous du nombril, vos épaules sont basses et vous ne fixez pas le regard de votre interlocuteur.
3. Vos paumes de mains sont visibles, vos avant-bras sont écartés et votre corps semble aller de l'avant.
4. Vos poings sont serrés, vos bras raidis le long de votre corps qui marque un pas en arrière.

Dans le cas n° 1, vous êtes dans l'attitude de la personne qui domine son propos et qui manifeste une certaine assurance; dans le cas n° 2, vous êtes au contraire dans une position de soumission, comme un élève que l'on vient à juste titre de réprimander; dans le cas n° 3, vous êtes dans une position de communication ouverte et vous montrez que vous allez de l'avant; et enfin, dans le dernier cas, vous êtes au contraire sur la défensive, en fermeture par rapport au discours de l'autre.

LE TRUC EN +

Pourquoi ne pas instaurer un « rituel gestuel » pour marquer votre entrée dans l'espace professionnel du cours avec tout ce que cela peut impliquer? Ce serait en quelque sorte un geste psychologique qui permettrait à vos élèves et à vous-même de vous concentrer. À vous de choisir un geste qui vous corresponde, comme le fait de taper dans les mains, d'enlever votre montre, etc.

Prendre conscience du langage corporel vous permettra de maîtriser la communication non verbale, et vous donnera également des clés pour décoder le langage de l'autre. Une bonne communication réside dans la gestion de son corps mais aussi dans la gestion du corps de l'autre, qui envoie lui aussi des signaux... Si au bout de 15 minutes vos élèves bâillent et se frottent les yeux, posez-vous quelques questions...

Partie 3

Peaufiner
son jeu d'acteur

Prévenir les problèmes de voix

Casser la voix

Le prof, comme l'acteur, utilise sa voix en permanence. Il lui faut donc être particulièrement attentif à ne pas endommager son principal outil de travail. Et pourtant, les dysfonctionnements sont nombreux chez les profs qui, faute d'une réelle formation en la matière, malmènent un outil si important.

LES TROUBLES DE LA VOIX

Sans être aphone régulièrement, vous ressentez quand même à la fin de votre journée, du trimestre, comme une fatigue vocale. Rassurez-vous, vous n'êtes pas le seul… ce qui ne veut pas dire qu'il ne faille rien faire pour y remédier !

L'enquête MGEN 2005[1]

Cette enquête réalisée sur un échantillon de 3 904 enseignants français en activité met en avant un certain nombre de questions sur les troubles de la voix. Cette étude a le mérite d'insister sur la sensibilité du monde enseignant aux troubles de la voix.

On constate que les femmes sont plus touchées que les hommes (1 sur 2, contre 1 sur 4), et notamment les femmes de 26 à 35 ans ; les principaux troubles évoqués sont « le mal de gorge » suivi du « chat dans la gorge » et de la « voix éraillée ». Ces problèmes surviennent surtout en fin de journée, en fin de trimestre et en début d'année.

---

1. Données épidémiologiques issues de l'Enquête Santé MGEN 2005.

Face à cela, peu de formations sont dispensées, puisque seulement 18 % des femmes et 10 % des hommes déclarent suivre une formation pour poser la voix.

Le traitement des troubles de la voix

Ces dysfonctionnements peuvent être liés au métier que l'on exerce, à des facteurs ORL précis (irritation…) mais aussi à des facteurs personnels (stress, angoisse…). En effet, plus on est tendu, plus on prend le risque de forcer sur sa voix, et donc de l'endommager.

PAROLES D'EXPERT

Pour Jean-Pierre Pallier (phoniatre attaché au CHU de Limoges), de nombreux enseignants viennent consulter pour des problèmes liés à une fatigabilité vocale (dysphonie dysfonctionnelle, forçage laryngé). Ce que l'on appelle le forçage vocal, qui connaît plusieurs facteurs :
– un enchaînement trop long d'heures de cours ;
– des classes difficiles, au sens psychologique, mais aussi physique : l'acoustique mauvaise des salles de cours est aussi à prendre en compte dans le forçage vocal.
Ce type de problèmes se règle la plupart du temps sur une vingtaine de séances de rééducation.

La rééducation se concentre essentiellement sur le placement de la voix, le débit et la respiration. En ce domaine, changer ses habitudes se révèle plus compliqué qu'il n'y paraît. En effet, c'est tout le fonctionnement de son corps qu'il faut revoir, et cela prend du temps ! Les gens qui consultent n'ont souvent pas conscience de l'importance de l'ensemble du corps dans la projection vocale. Or à chaque fois que l'on doit envahir un espace, on est en projection vocale.

LES CAUSES DU SURMENAGE VOCAL CHEZ LES PROFS

Les choses sont tout d'un coup bien sérieuses… Jetez quand même un coup d'œil sur ce qui suit, et voyez si vous êtes concerné…

La première cause est, sans conteste, le mauvais environnement acoustique : gymnases, salles de cours et amphithéâtres mal insonorisés, élèves bruyants. Plus il y a de bruit, plus on aura tendance naturellement à hausser la voix… d'où un risque de fatigue vocale. Les polluants présents dans l'air sont aussi source de troubles vocaux. Pensez à aérer régulièrement vos salles de cours.

L'accumulation des heures de cours sur une journée entraîne forcément une fatigue. Sachez que c'est également le cas du trac, qui bloque la respiration diaphragmatique.

> *Être entendus, parfois écoutés, et occasionnellement compris est l'objectif premier de notre métier ! Aussi, quand au cours du mois de janvier 2002 une gêne au niveau de ma voix est apparue, une sourde angoisse a pointé son nez et ne m'a hélas plus quittée durant deux longues années. J'ai eu l'impression tout d'abord que peu à peu je ne savais plus placer ma voix, que celle-ci devenait de plus en plus grave, que j'allais chercher de plus en plus loin les sons ; puis petit à petit je prononçais des mots dont on n'entendait qu'une syllabe sur deux ou trois, des phrases dont la moitié des mots manquait. Bref je ne pouvais plus faire cours que par l'intermédiaire de photocopies que les élèves lisaient et que j'essayais parfois dans la plus grande douleur d'expliquer. Les différents médecins, spécialistes m'ont laissé errer pour finir par me dire que seule une thérapie chez un psychiatre pourrait faire disparaître ces problèmes de voix !*
>
> *Certains troubles de la voix ont effectivement une origine psychologique ou psychosomatique… mais pas tous : j'étais en fait atteinte d'une dysphonie spasmodique qu'un oto-rhino-laryngologiste a fini par diagnostiquer et traiter !*
>
> *J'ai appris à parler moins vite, à mieux respirer, à chanter (avec une super prof de chant qui m'a donné des conseils vraiment utiles et applicables en cours !), à m'arrêter parfois aussi quelques instants, à sourire (car il faut être le plus décontracté, le plus heureux possible, oserais-je dire, pour éviter la fameuse « gorge serrée » et laisser le son passer sans forcer).*
>
> *J'ai aussi compris que la voix a des auxiliaires très utiles et qu'il faut les exploiter : les déplacements, les gestes, les regards qui remplacent*

parfois les mots ou les renforcent, et il me semble qu'aujourd'hui tout le monde m'entend mieux !»

Florence M., enseignante en lycée.

MIEUX VAUT PRÉVENIR...

Avant de courir chez un spécialiste de la voix, et sans pour autant devenir une diva, pensez à ces quelques petits gestes simples qui vous permettront de ne pas malmener votre voix.

Code de bonne conduite

- Ayez une bonne hygiène vocale, et songez notamment à vous hydrater régulièrement, y compris quand la soif ne se fait pas sentir. Il est en effet impensable de ne pas boire au moins un verre d'eau après chaque cours. Le fait de boire des tisanes, des jus à base de citron est également bénéfique pour préserver votre voix,

- Ne négligez pas votre nez, qui doit être fréquemment nettoyé, avec de l'eau salée, dans l'idéal. Il faut également être rigoureux sur le plan respiratoire et adopter la respiration abdominale.

- Votre salle de cours, votre bureau, votre chambre ne doivent pas être surchauffés ni trop secs (il est très simple, le cas échéant, de fixer un humidificateur aux radiateurs).

- Évitez d'avoir à prendre la parole longuement dans un lieu bruyant et enfumé. Pour le second cas, la loi de janvier 2008 devrait grandement vous faciliter la tâche. En ce qui concerne le bruit, c'est une nouvelle fois une question d'autorité : le confort acoustique de votre salle de cours dépendra largement de votre faculté à imposer le silence.

- Allouez-vous des périodes de repos vocal pendant votre journée.

Retrait de permis...

Et voici ce que vous ne devez pas faire si vous voulez avoir une chance de tenir un an, sans souci de voix.

Évitez de crier, de toussoter pour un oui ou pour un non, et de vous racler la gorge. De plus, il est bien évidemment recommandé de ne pas fumer et de ne pas boire d'alcool... en tout cas, pas trop !

Le sommeil est également important, car c'est durant la nuit que la voix se régénère. En clair, passer une nuit blanche à faire la bringue avec des copains n'est pas vraiment bon pour votre capital vocal !

Faites pour le mieux, même si l'on sait que certaines recommandations sont difficiles à appliquer et qu'après une semaine de cours, on n'a qu'une envie : se retrouver entre amis ou en famille, avec un bon verre de vin ! Au moins, maintenant, vous êtes prévenus !

Projeter sa voix

Complètement timbrés !

Vos cordes vocales sont de tout petits muscles... que vous devez travailler ! La voix est un vecteur d'émotion. C'est par elle, entre autres, que vous parviendrez à faire passer des messages... positifs ou non. Se concentrer sur elle n'est donc pas une perte de temps et vous permettra surtout de ne pas être enroué au bout de deux heures de cours.

RESPIRER

Vous avez l'impression d'être exténué à la fin d'un cours, comme si vous veniez de courir un marathon. Vos élèves sont certes épuisants, mais vous pouvez peut-être améliorer les choses en vous concentrant sur votre respiration.

Un outil en or

L'acteur travaille sa voix autour de trois directions :

- la respiration, qui est la base de tout exercice vocal. *L'inspiration et l'expiration doivent être contrôlées afin de pouvoir vous fournir le maximum d'énergie.* Pour cela, on conseille la respiration abdominale qui permettra à votre voix d'avoir plus de tonicité. C'est la respiration de base des chanteurs, c'est celle que vous utilisez sans vous en rendre compte lorsque vous dormez. Votre diaphragme étant le principal moteur de votre respiration, il convient d'avoir l'abdomen parfaitement détendu ;

- la résonance : prenez conscience des éléments résonateurs de votre corps que sont le nez, la bouche et le larynx ;

- l'articulation : elle est essentielle pour une bonne compréhension de votre message. Si vous mangez la moitié de vos mots, vos élèves ne vous comprendront pas. Vous trouverez en annexe des exercices d'articulation.

PAROLES D'EXPERT

La respiration abdominale est profonde et basse, afin de s'appuyer sur le diaphragme. Le thorax est immobile et ouvert. Lorsque l'on inspire, la poitrine ne se gonfle pas. De la même façon, à l'expiration, la poitrine ne descend pas. C'est la taille qui tour à tour se gonfle et se dégonfle. La respiration diaphragmatique permet de réduire la fatigue causée par la prise de parole et comporte en outre un effet apaisant. Cette technique est utilisée par les acteurs.

EN PRATIQUE

Voici quelques exercices à faire pour bien respirer, préconisés par Laurent Austry, professeur de chant.
- Allongé sur le dos, les jambes pliées, une main sur le ventre, l'autre sur le thorax, vérifiez que lorsque vous respirez, le ventre « monte et descend » tandis que le thorax est immobile.
- Assis sur le bord d'une chaise, penché en avant, bras ballants, respirez. Prenez conscience que l'air inspiré fait gonfler le dos, dessous les côtes.
- Bras en rond au-dessus de la tête, doigts entrecroisés, penchez-vous d'un côté en expirant, revenez au centre en inspirant, penchez-vous de l'autre coté en expirant.
- Mains sur les épaules, ramenez les coudes vers l'intérieur en inspirant, puis à l'extérieur en expirant.

Contrôler son souffle

Comme les sportifs, il vous faut être particulièrement attentif à la gestion de votre souffle. Si au bout d'un quart d'heure de prise de parole, vous avez la sensation d'être essoufflé, vous ne tiendrez pas la journée.

PAROLES D'EXPERT

Pour éviter de vous fatiguer, par exemple et de perdre beaucoup de souffle (rappelons que ce sont les consonnes qui nécessitent beaucoup de souffle), placez une bougie à une vingtaine de centimètres de votre bouche et parlez en essayant de ne pas éteindre la flamme. Cet exercice est très efficace pour prendre conscience de la nécessité de timbrer.

Le souffle dépend de facteurs physiologiques, mais aussi de facteurs psychologiques. L'inhibition par exemple ne peut permettre un épanouissement vocal et peut être source de tension et donc, potentiellement, de forçage. Si certains souffrent d'un manque de souffle, il existe pour eux des solutions très ludiques : faire du sport (*« Du quoi ??? »*) et/ou du chant. Le second a le mérite de ne pas trop faire transpirer, et de vous apprendre à gérer parfaitement bien votre souffle. En plus, si vous êtes doué, vous aurez peut-être le droit d'être soliste au spectacle de fin d'année ! C'est la gloire assurée !

LE TRUC EN +

Avant votre « entrée en scène », faites comme les acteurs : inspirez, expirez en entrant dans la salle de cours, et inspirez de nouveau avant de prendre la parole. Cela permet un contrôle de soi et une concentration qui vous aideront certainement.
Attention cependant à l'hyperventilation : comptez 8 temps pendant l'expiration et 4 pendant l'inspiration. Le fait de compter vous permettra de vous concentrer.

ÉLIMINER LES POINTS DE TENSION

Si vous êtes tendu en entrant dans votre salle de cours, il y a des chances pour que vous vous mettiez en situation de forçage vocal. Tâchez d'oublier vos soucis et de ne penser qu'à la joie de transmettre un savoir !

Un corps détendu

Pour améliorer la résonance, il faut que l'intégralité du corps soit détendue et pas seulement le visage ou le haut du corps. Gardez cette idée bien en tête, vous avancerez plus vite et positivement.

Il y a quelques zones de tensions auxquelles vous devez faire attention : les mâchoires, les lèvres, le menton trop rentré, les épaules… Le corps, mal maîtrisé peut être une entrave à la voix et se manifester par des gestes inopportuns, répétitifs et mécaniques qui chercheraient à pallier une faiblesse vocale. La décontraction est donc essentielle pour ne pas fatiguer sa voix : dès que les muscles cervicaux sont mis en jeu, on est dans le forçage vocal.

EN PRATIQUE

D'après Laurent Austry, professeur de chant :
- un visage détendu permet de sentir résonner la boîte crânienne ;
- l'impression de parler avec les yeux apporte du brillant à la voix ;
- lors de l'inspiration bouche ouverte, sentez l'air frais caresser la luette et soulever le voile du palais ;
- une langue et des lèvres détendues et dynamiques projettent efficacement les sons.

QUELQUES EXERCICES

- Éveil des résonateurs : Tapotez du bout des doigts le front et les tempes en émettant un son bouche fermée (« Mmm… »).
- Relaxation de la langue : ouvrez la bouche, contractez la langue comme pour la faire passer dans une paille, puis décontractez-la. Répétez cet exercice.
- Relaxation des lèvres : Esquissez un sourire. Détendez. Dessinez une moue. Détendez. Exprimez le mépris. Détendez. Ébauchez un « O ». Détendez. Recommencez plusieurs fois.

La verticalité

Pour projeter sa voix sans se fatiguer, il faut bien évidemment songer à sa posture. Le mieux est d'avoir la tête et le dos bien droit, afin de permettre une bonne circulation de l'air.

PAROLES D'EXPERT

Trouvez la position dans laquelle vous vous sentez le plus à l'aise mais ne cassez jamais votre verticalité en pensant bien à vos points d'appui : les deux pieds bien ancrés dans le sol, les deux épaules détendues et la tête bien droite et bien dégagée des épaules.

L'intérêt de cette posture est de permettre à l'air de circuler librement et par conséquent à la voix d'être la plus énergique possible. Vous libérez la colonne d'air et par conséquent la voix.

EN PRATIQUE

Voici quelques petits exercices préconisés par Laurent Austry, professeur de chant.

- Les pieds parallèles sont écartés de la largeur des épaules. Étirez les bras vers le ciel, puis penchez-vous en avant, la tête et les bras ballants. Les jambes sont légèrement fléchies. Remontez lentement, vertèbre par vertèbre. La tête est la dernière à se redresser.
- Accentuez volontairement le haussement des épaules, repérez la tension au sommet du dos et sur les côtés à la base de la nuque. Détendez.
- Ramenez les épaules en arrière, repérez la tension entre les omoplates en direction de la colonne vertébrale. Détendez.
- Faites discrètement quelques mouvements de circumduction (roulez les épaules d'avant en arrière, et inversement, en un mouvement circulaire). Les bras sont lourds et mous, roulez une épaule, puis l'autre, dans un sens et dans l'autre. Détendez en secouant les bras.

JOUER AVEC SA VOIX

Projeter, c'est bien, mais encore faut-il, pour ne pas passer pour un mauvais acteur, miser sur les effets de voix, afin de ne pas tomber dans la monotonie et risquer de se retrouver devant un concert de bâillements.

Trouver l'énergie

Dès que l'on investit un espace dans lequel on est en situation de chercher l'adhésion de l'autre, de le convaincre, la voix a besoin d'un haut niveau d'énergie et se modifie. Intensité, tonalité, timbre, articulation, débit, gestes associés… tout cela change pour trouver l'énergie qui deviendra notre force de détermination.

L'énergie se trouve dans la voix, dans le corps, mais aussi dans la valeur du message que vous cherchez à transmettre et dans la conscience de l'espace dans lequel vous êtes.

LE TRUC EN —

Le trac est l'ennemi de la voix et peut intervenir à tout moment. Il vous empêchera de respirer par le bas et sera en cela un obstacle à une bonne projection vocale. La solution ? Maîtrisez votre cours au maximum et respirez profondément.

EN PRATIQUE

PROJETER SA VOIX

Certaines personnes ne projettent pas la voix. La voix reste « dans le masque ». Pour projeter, voici quelques petits exercices :
- On fait, à plusieurs, le « jeu des ballons-voyelles ». On a un ballon imaginaire et on le lance à un partenaire en face, en accompagnant le jet du ballon d'une voyelle.
- On peut aussi mettre ses mains en porte-voix et dire un texte en boucle. On écarte les mains de plus en plus et le texte se dit à la mesure de l'écartement progressif des mains.
- On peut démarrer accroupi et s'imaginer être un petit monstre. On dit un texte en boucle et on se déplie jusqu'à être debout. On le dit en imaginant devenir un monstre de plus en plus gros, qui dit le texte de plus en plus fort.

La variété contre l'ennui

De la même façon, pensez à varier l'intensité de votre voix et à ne pas
être monocorde. La variété est le meilleur rempart contre l'ennui de
votre auditoire… et le vôtre.

LE TRUC EN +

Pour éviter de parler pendant deux heures de suite, variez les activités de
cours. Faire travailler vos élèves sur un exercice écrit vous permet de faire
une pause, et donc de reposer votre voix.

S'adapter à son environnement

Adaptez l'intensité de votre voix aux dimensions de la salle. Faire cours
en amphi, ce n'est pas la même chose qu'en module… Hausser le ton
risque de vous amener à ce que les spécialistes appellent «blanchir
sa voix», c'est-à-dire en éclaircir le timbre jusqu'à le perdre. Bien souvent, d'ailleurs, les amphis sont équipés de micro. Sans jouer à la star-
lette, vous ressentirez très vite le besoin de vous en servir, afin de ne
pas avoir à hausser le ton. Les plus téméraires et ceux qui sont devant
un amphi en or (comprendre silencieux), pourront s'en passer, mais
ceux-là sont bien rares !

L'essentiel, une fois que l'on maîtrise les techniques de base de projection de voix, est de prendre en compte son environnement et ses
conditions de travail. Si vos élèves sont bruyants, vous aurez le réflexe
d'élever la voix… et donc, de forcer. Vous fatiguerez votre voix et vous
ne parviendrez peut-être pas pour autant à avoir le silence. Apprenez,
pour motiver de nouveau l'attention de vos élèves, à baisser le ton, afin
que leur écoute soit réactivée.

LE TRUC EN —

Parler plus fort, voire crier, pour être mieux entendu.

" *En début d'année, nous étions relativement nombreux en classe. Du coup, on nous avait installés dans une très grande salle. Les profs avaient à leur disposition un micro... mais le prof de philo, qui ne voulait pas faire comme tout le monde, avait tout bonnement décidé de ne pas l'utiliser, ce qui était bien embêtant pour nous, car ce prof parlait très doucement... il a donc fallu prendre sur nous et être particulièrement silencieux pour tenter de « capter » les sons qu'émettait le prof et le fond de sa pensée... Maintenant, avec le recul, et étant moi-même enseignante, je comprends que toute cette mise en scène était une stratégie efficace pour nous contraindre au silence et ne pas avoir à crier pour cela... je n'ai pas toujours tout compris en cours, mais j'ai au moins entendu !»*

Caroline L., ancienne élève d'hypokhâgne.

Apprendre à contrôler sa voix est donc essentiel dans le métier d'enseignant. Votre voix est votre outil de travail ; elle est précieuse. Vous devez donc la chouchouter, la préserver un maximum afin de ne pas vous retrouver après trois heures de cours avec une voix d'outre-tombe. Vous adorez Chateaubriand, mais il y a des limites !

Regarder le public,
affronter son regard

Les yeux revolver

En cours, c'est sur vous que se portent tous les regards. Si vous avez un regard d'ensemble sur votre classe, le regard de vos élèves est, quant à lui, purement individuel. Il est impossible de ne pas vous voir, de ne pas vous entendre (à défaut de vous écouter). Comment faire de votre regard une force et comment apprivoiser le regard de l'autre ? Donnez-vous un peu en spectacle et sortez le grand jeu.

AFFRONTER LE REGARD DE L'AUTRE

Les yeux dans les yeux...

Tout ce qui relève du corps prend une importance fondamentale en cours. Ce que vous êtes se voit dans votre corps, et vous ne pouvez échapper au champ visuel de vos élèves. Mieux, pour comprendre ce que vous avez à dire, les élèves ont besoin de vous voir. Cela implique d'être particulièrement attentif à l'image de soi.

Le regard de l'élève sur vous ne vous épargne pas. Le moindre tic, la moindre grimace seront passés au crible et vous déstabiliseront. Quel prof n'a pas été gêné par le regard insistant de ses élèves, regard qui entraîne une foule de questionnements « Est-ce que j'ai une tache sur ma chemise ? Mes collants sont-ils filés ? J'ai la braguette ouverte, ou quoi ? »

Les élèves, qui la plupart du temps restent silencieux en cours, vous écoutant attentivement, parlent avec leur regard, et ce regard est parfois – voire souvent – peu attentionné. Il va donc falloir l'affronter, et désarmer petit à petit vos élèves.

Ne fuyez pas...

Le regard de vos élèves peut vous donner le sentiment d'une mise en danger. Pourtant, dans le groupe, tous ne vous sont pas hostiles. Ne cherchez pas pour autant l'élève qui, par un regard plus compatissant, vous aidera à passer le cap : vous lui donnerez l'impression d'être sa bouée de secours et vous perdrez votre crédibilité. C'est tout le groupe que vous devez affronter, sans aucune distinction.

> ### LE TRUC EN +
> Si vous n'osez pas affronter un élève droit dans les yeux, regardez le haut de son crâne.

Vous devez donc accepter d'être regardé. Entraînez-vous et familiarisez-vous avec le regard de vos élèves. En début de cours, restez un tout petit instant silencieux et laissez-vous regarder. Évitez cependant de tomber dans le narcissisme complet, en faisant durer l'exercice plus de 5 minutes.

JOUER AVEC SON REGARD

Le regard est signification

Il en dit long sur vous et votre humeur du moment. Vous aurez beau tenir un discours motivé sur votre cours, si votre regard est morne, la communication ne passera pas !

De plus, votre regard est permanent, et l'élève l'a bien compris : vous êtes constamment en train de regarder l'ensemble de votre classe, de surveiller que tout le monde suive. C'est un regard plein d'énergie, car il doit faire en sorte de maintenir l'écoute des élèves, tout en tâchant de motiver cette écoute. En clair, votre regard surveille, inspecte, parfois condamne, mais reste toujours stimulant.

Votre regard est donc :

– scrutateur, c'est celui qui surveille, qui fait un peu la police quand cela est nécessaire ;

– stimulant et bienveillant afin de ne pas passer pour le prof méchant qui ne fait que traquer les élèves. C'est parce que les élèves sentent, à travers votre regard, que vous êtes ouvert au dialogue, que le cours pourra se dérouler dans de bonnes conditions.

Regard et autorité

Votre regard a une double fonction : entourer vos élèves d'une forme de considération qui sera un moteur pour eux, mais aussi asseoir votre autorité. Le regard en effet aura le mérite de vous éviter de hurler et parlera de manière beaucoup plus efficace. Il s'agit donc pour vous d'avoir un regard particulièrement actif en cours et de constamment balayer la salle de gauche à droite, tout en faisant bien attention de regarder franchement chacun de vos élèves.

> **LE TRUC EN** —
>
> Ne regarder que les élèves des trois premiers rangs : les autres ne se sentiront pas concernés par vos propos. Dites-vous bien que votre regard est transmission de savoir et qu'en ce sens, il faut tâcher d'englober tous vos élèves. Dans l'idéal, il faut donner l'illusion à chacun de vos élèves que votre cours s'adresse uniquement à lui.

Par votre regard, vous devez aller chercher l'attention de ceux qui ont choisi l'option radiateur-fenêtre. Cela aura aussi le mérite de faciliter votre perception des réactions de votre auditoire, et donc de vous permettre de moduler vos propos, voire vos activités. Être attentif à l'autre pour s'adapter, voilà ce à quoi il faut veiller.

LE TRUC EN +

Balayer la salle du regard, ce n'est pas avoir un regard superficiel. Vous devez regarder tout le monde, droit dans les yeux. Chacun de vos élèves doit avoir le sentiment d'exister pour vous.

C'est par votre regard que vous ferez le lien avec votre groupe et que vous montrerez votre capacité à entrer dans leur territoire, à faire preuve, à petite dose, d'empathie.

LE TRUC EN —

Avoir un regard méprisant. Vous ne vous en rendez peut-être pas compte ou bien encore, c'est une façon pour vous de vous protéger. Cependant, vos élèves y seront particulièrement attentifs. Le mieux est d'avoir le plus souvent possible – quand l'attitude de votre groupe le permet – de la bienveillance dans les yeux. Les soucis d'autorité et de discipline fortement médiatisés nous font oublier que, la plupart du temps, l'ambiance dans une classe est relativement bonne et qu'un bon prof n'est pas un juge.

Le langage des yeux

On n'imagine pas tout ce qui peut être dit rien qu'avec le regard. Du regard complice au regard agressif, en passant par le regard dominateur, il exprime toute une palette de sentiments et va être à la base même de votre autorité.

Usez et abusez-en pour :

- faire taire un élève ou le recadrer : n'hésitez pas à soutenir son regard et à montrer en faisant les gros yeux que son attitude vous déplaît ;
- interroger un élève distrait du regard afin de le réintégrer dans le cours ;
- jouer sur le langage du corps et votre parole, en précisant l'ironie de vos propos par un clin d'œil par exemple. À utiliser avec modération, car l'ironie n'est pas une catégorie bien maîtrisée par les élèves, qui ont tendance à tout prendre au pied de la lettre.

De la classe à l'amphi

La question du regard se pose de façon encore plus aiguë lors des cours en amphi. Il est clair que si vous vous retrouvez devant un amphi de 150 étudiants, il vous sera compliqué en une heure de cours de mettre en place une politique du regard efficace. Ce n'est cependant pas une raison pour rester le nez dans vos notes ou collé à votre PowerPoint. De toute façon, dites-vous bien que si vous lisez trop, les élèves dormiront encore plus vite en amphi que dans une salle de cours normale.

Affrontez votre public. Il est clair que contrairement à l'acteur sur scène qui ignore son public, ici, vous devez faire avec. Et ne vous contentez pas de regarder le premier rang. Ayez un regard surplombant, qui semble aller réveiller la brochette du dernier rang.

LE TRUC EN —

Avoir un regard fuyant. Certains élèves ou groupe d'élèves sont les vraies bêtes noires d'un cours… Affirmez-vous en les regardant bien dans les yeux et en montrant que vous ne les craignez pas.

Le regard est un outil fondamental en communication non verbale. Une utilisation rôdée vous évitera bien des tracas; le regard peut, en effet, être le relais de votre voix. Alors on oublie les lunettes noires et on mise sur un regard franc avec une bonne dose d'autorité et de bienveillance.

Choisir un vocabulaire et un registre adaptés

Le poids des mots

La salle de cours reste peut-être le seul endroit où votre élève est censé entendre et parler un français correct... sans être trop tatillon, il vous faut cependant prendre garde à votre propre langage, et tâcher de reprendre systématiquement une mauvaise formulation ou une erreur que feraient les chères têtes pensantes en face de vous... ce qui prend du temps, bien sûr. Alors, pour éviter les dérapages, voici quelques petits conseils.

LE CHOC DES LANGAGES

Vous, vous êtes plutôt dans le langage courant, c'est une règle que vous vous imposez en cours. Mais en face de vous, il y a une trentaine d'individus qui parlent une langue que vous semblez ne pas comprendre... Choc générationnel ?

L'écriture SMS

Vos élèves parlent un langage assez codifié, et la tentation pour eux est grande de l'utiliser, à l'oral comme à l'écrit. En effet, on peut s'offusquer du fait qu'ils utilisent le même langage dans leurs copies que celui qu'ils manient – avec brio d'ailleurs – pour chatter, mais on ne peut qu'être sensible à l'inventivité phonétique de cette langue ! Il vous arrive même de l'utiliser... Mais, vous, contrairement à vos élèves, vous faites la différence et vous savez vous arrêter.

Chaque situation de communication entraîne ses codes langagiers et vous devez marquer les frontières linguistiques qu'il peut y avoir entre la cour de récré, la salle des profs et votre salle de cours… Montrez l'exemple et n'utilisez jamais ce nouveau langage, même s'il vous paraît parfois créatif. Et sensibilisez vos élèves aux dérives qu'il peut entraîner.

LE TRUC EN +

Montrez-leur une série d'abréviations efficaces et reconnues par l'institution, cela leur sera plus bénéfique !

Quel registre ?

Cela implique d'utiliser principalement le registre courant, en évitant au maximum l'argot et les tournures trop familières. Dire à un élève de se taire, n'est pas la même chose que de lui demander de la fermer. Prenez bien conscience que, tout comme vous, les élèves sont très sensibles aux mots et que votre position hiérarchique ne vous autorise pas à leur manquer de respect verbalement.

LE TRUC EN —

Les gros mots… Bien sûr, un « merde » peut vous échapper malencontreusement parce que vous venez de briser la craie contre le tableau noir. Mais toute grossièreté sera entendue et ne vous valorisera pas. En plus, cela pourra donner des idées d'imitation à vos élèves.

" L'apprentissage du bien parler et du bien écrire se fait au quotidien et par tous les professeurs. Une des tâches du professeur de français est de bien expliquer les différences entre les niveaux de langue, et cela passe par des cours précis sur ce sujet, faits chaque année depuis la sixième, et mettant en évidence des situations d'énonciation différentes.
Par exemple en classe de quatrième, l'étude de la lettre est au programme : elle permet de faire étudier des lettres privées comme des lettres officielles, la correspondance de madame de Sévigné comme la correspondance dans les romans de jeunesse, et bien évidemment l'étude des niveaux de langue est de rigueur. Sa pratique peut intervenir

dans différents écrits : rédiger une lettre de demande de stage d'observation en entreprise permet aux élèves de se rendre compte qu'il faut savoir écrire correctement pour obtenir son stage.

La difficulté pour les élèves est alors de comprendre qu'il faut savoir distinguer les différentes situations d'énonciation pour adapter son langage. Or cette faculté d'analyse fait défaut à la majorité des collégiens, et perdure chez certains adultes. À cela, il faut ajouter que c'est souvent uniquement l'école qui réclame ce niveau de langue...»

Claudine B., professeur en collège.

JE JARGONNE, TU JARGONNES

La clarté doit être le maître mot de vos cours, mais pas au détriment des concepts scientifiques et des savoirs que vous devez transmettre. Voici quelques pistes pour vous aider à trouver le bon équilibre.

«Et les mots pour le dire arrivent aisément...»

Le langage que vous utilisez doit être clair. Ne prenez pas un malin plaisir à employer des mots compliqués pour «impressionner» vos pupilles. En revanche, le contenu scientifique de votre cours peut entraîner l'utilisation de mots inconnus, mais néanmoins nécessaires. Écrivez-les systématiquement au tableau et expliquez-les longuement. De plus, revenez sur le sens du mot en paraphrasant, ou encore en utilisant des synonymes et n'hésitez pas à avoir recours à l'étymologie, histoire de montrer que les mots ne sont pas tombés du ciel, et qu'ils sont le fruit d'un long processus d'évolution...

Ne laissez rien passer

Prenez garde à bien vérifier que les termes clés du cours ont bien été compris. Posez la sacro-sainte question «Tout le monde a compris?» mais ne vous contentez pas de cela: il peut arriver que vos élèves n'osent pas interrompre le cours en avouant leurs difficultés. Doublez cette question d'une observation minutieuse de leurs mimiques, et questionnez-les individuellement si les grimaces deviennent insupportables.

De la même manière, n'hésitez en aucun cas à reprendre un élève sur le langage qu'il utilise pour vous répondre ou pour parler à un camarade. Quel que soit son destinataire, le langage en cours est contrôlé et vous devez continuellement y veiller. Les fautes courantes comme *«malgré que le personnage soit cool»* ou encore *«ils croivent que c'est beau»* doivent être corrigées dès le plus jeune âge car, comme les taches de chocolat, elles ont tendance à persister!

EN CAS DE CONFLIT

Ils commencent sérieusement à vous «chauffer les oreilles», et vous êtes poli! Face à la violence de certaines expressions, tâchez de réagir en adulte et ne vous laissez pas piéger par la colère qui vous monte au nez (et là encore, vous êtes très poli!)

Langage et sang-froid

En cas de conflit, vous savez que le ton chez vous peut monter assez vite. Vous avez, pour éviter les dérapages, trouvé la parade : la punition. Soyez cohérent par rapport à ce point et établissez une hiérarchie des peines encourues…

Commencez par la remarque orale, cinglante s'il le faut, ensuite la punition (qui, on le rappelle, doit faire l'objet d'une information auprès du CPE), et n'oubliez pas d'exploiter le carnet de l'élève en écrivant des « petits » mots aux parents, de façon claire et en précisant bien, en cas de récidive, que rien ne va plus. Convoquer l'élève en fin de classe est aussi un bon moyen de pression, mais le must, en fonction toujours de ce qu'a fait le petit diable, est de le recevoir avec le CPE et/ou le prof principal. Une alternative consiste à mettre l'élève fautif dehors, mais cela n'aura de poids que si cette mesure reste exceptionnelle. Des renvois systématiques finiront par être mal perçus et par avoir l'effet inverse. Si vous êtes contraint cependant d'en arriver là, ne culpabilisez surtout pas ! Il y aura toujours des collègues pour vous dire que le fait de virer un élève est un échec sur le plan pédagogique. Il n'empêche que si cet élève vous pourrit la vie depuis trois semaines et que les tentatives de dialogue ont échoué, c'est la seule solution pour avoir la paix et travailler dans des conditions normales.

Dans tous les cas, vous n'aurez aucun intérêt à brailler sans cesse, ce qui risque fort de vous ridiculiser, ni à utiliser le même niveau de langue que vos élèves. Un élève vous insulte… pas question de l'imiter, même si l'envie ne vous en manque pas. Vous êtes l'adulte, et donc la personne responsable censée montrer l'exemple : gardez votre calme et conservez ce bon vieux registre de langue qui est le vôtre au sein de la classe. Aucun dérapage ne sera admis chez vous, ce qui serait la porte ouverte à toutes sortes d'élucubrations langagières peu plaisantes.

Expliquez à l'élève que les mots qu'il a utilisés à votre encontre seront cités dans un rapport écrit et qu'il devra s'en expliquer.

LE TRUC EN +

N'ayez pas peur des mots : en cas de rapport écrit sur un élève, ne vous adonnez pas trop aux doux euphémismes et aux tournures toutes faites comme « élève insolent ou irrespectueux ». Citez les mots de l'élève ; affronter la situation par écrit vous permettra de garder votre calme, tout en ne banalisant pas l'affaire.

De l'autorité…

Certes, l'autorité est nécessaire, mais ne tombez pas dans l'autoritarisme pour autant. Faites attention aux mots que vous utilisez. Un vocabulaire trop répressif sera très mal perçu pas vos élèves. Il faut, à travers les mots que vous employez, que vos élèves sentent que vous êtes relativement ouvert au dialogue, du moins que vous souhaitez dans un premier temps passer par l'échange.

LE TRUC EN —

Avoir une attitude humiliante. C'est humainement impensable, et c'est clairement interdit par la circulaire 2000-105 du 11 juillet 2000. Vos punitions et vos remarques doivent avoir un intérêt pédagogique et ne doivent en aucun cas porter atteinte à l'intégrité de vos élèves.

" J'avais un prof d'histoire en première qui était extrêmement autoritaire. Le langage qu'il utilisait pour nous parler était vraiment humiliant (et sentait la naphtaline !). Constamment dans la répression et dans l'ordre, il usait et abusait des tournures injonctives. Il ne nous faisait pas partager un savoir, il nous l'imposait, le plus souvent sans aucune objectivité, laissant passer ses lubies avant l'impartialité. Chaque cours était une souffrance, tout le monde le craignait. Minute après minute, on attendait le moment où l'on ferait les frais de son sarcasme. Son autoritarisme n'a même pas porté ses fruits. Certes, on apprenait par cœur les plans de la bataille de la Marne, par crainte de la répression. Mais dix ans après, il n'en reste aucune trace dans ma mémoire. J'apprenais pour ne pas être humiliée ou punie, sans comprendre et sans aucune motivation. »

Sandrine B., employée de banque.

Restez au premier degré

De plus, ne soyez pas trop sarcastique. Vous avez affaire à des ados, et bien souvent, ils prennent tout au pied de la lettre. Le monde de la dérision leur est encore inconnu. De l'humour, oui, mais accessible… même si cela vous frustre un peu! Faites preuve de panache, soyez parfois mordant, mais pas trop… l'humour est une arme redoutable!

> *Tous les professeurs doivent être attentifs au langage utilisé par les élèves. Que ce soit une construction grammaticale incorrecte, une insulte envers un camarade ou un juron lâché involontairement en classe, les professeurs doivent corriger et rappeler à l'ordre l'élève. Si les mots vulgaires sont passibles d'être sanctionnés d'après le règlement intérieur, il faut savoir doser : punir un élève à chaque fois qu'il dit un gros mot peut être une arme à double tranchant, car cela peut vite se transformer en jeu de sa part et vous verrez que vous lâcherez avant lui. Il vaut mieux montrer que l'on n'est pas sourd et reprendre l'élève. La punition pourra intervenir en cas d'abus.»*

Claudine B., professeur dans un collège.

Votre charge est lourde! Corriger constamment le langage de vos chers élèves… et contrôler le vôtre par la même occasion. Cela peut paraître certes contraignant, mais, les enjeux sont suffisamment importants pour que vous y réfléchissiez un peu!

Écouter et dialoguer

Dialogues de sourds

*Vous l'avez remarqué : l'oral prend une place accrue dans l'en-
seignement. S'il laisse une marge de liberté un peu plus consé-
quente, il demande néanmoins une maîtrise importante, car le
dérapage peut arriver à n'importe quel moment et pas seulement de manière conflictuelle !*

BIEN COMMUNIQUER POUR MIEUX ENSEIGNER

Avant même de mettre en place les astuces qui vous permettront de
mieux communiquer avec votre classe, il faut vous poser un certain
nombre de questions qui sont à la base même de toute situation de
communication. En effet, la communication en cours ne dépend pas
seulement de la sympathie du groupe que vous avez en face de vous.
Elle est aussi garantie par votre comportement et votre ressenti. Prenez
donc le temps de vous interroger sur votre propre aptitude à écouter
l'autre, et à dialoguer avec lui.

Évaluer la confiance en cours

C'est simplement se demander si vous tenez la route. Pour cela, un
cours solide sera un allié de taille, mais pas seulement. Il vous faut aller
dans une double direction : évaluer le degré de confiance que vous
avez en vous-même, mais aussi voir jusqu'à quel point vous pouvez
faire confiance au groupe.

Vous sentez-vous important en cours ?

Vous sentez-vous écouté ?

Quelle image pensez-vous renvoyer à vos élèves ?

Croyez-vous faire partie des profs que l'on apprécie ?

Voyez-vous vos élèves comme des alliés ou comme des ennemis ?

Revoyez-vous souvent vos exigences à la baisse ?

Toutes ces questions ne sont que des pistes qui vous permettront de mettre en place une situation de communication efficace. Car c'est en prenant en compte votre groupe d'élèves, leur niveau, leurs difficultés, que vous parviendrez à être efficace, sans pour autant tomber dans la démagogie.

Écoutez

Soyez ouvert et prenez le temps d'écouter les commentaires de vos élèves. Dans ce métier, le plus compliqué est justement de concilier ce temps nécessaire à l'écoute et la volonté de finir le cours dans l'heure. Pourtant, c'est en étant réceptif aux propos constructifs de vos élèves, en prenant soin de leur demander de reformuler si besoin, que vous parviendrez à enclencher une communication positive. Cela prend du temps, certes, mais c'est indispensable à une atmosphère de travail efficace.

Laisser la parole de l'autre se libérer implique que vous soyez en écoute active. Il est trop facile – et fréquent, hélas ! – de poser une question et de ne pas vraiment écouter la réponse qui vous est faite. Le questionnement n'est pas seulement là pour vous faire passer pour un enseignant sympathique. Si les questions sont intelligemment posées, les réponses pertinentes, cela fera progresser votre cours.

Soyez créatif !

Apprenez à rebondir sur les propos de vos élèves. Il n'y a rien de pire pour eux – et pour vous – qu'un silence qui conclut une longue tirade… cela pourra même passer pour une forme de mépris de votre part.

Vous acquerrez cette agilité en vous entraînant ! Ce qu'il faut avant tout, c'est rebondir sur les propos de vos élèves, mettre en avant les points positifs et les faiblesses, les limites du raisonnement que l'on vous présente, etc.

DES COURS INTERACTIFS

Sans pour autant laisser libre au cours aux bavardages incohérents, tâchez d'être ouvert au dialogue, tout en contrôlant celui-ci.

Un équilibre à trouver

En situation orale, qui est, rappelons-le, la situation la plus courante dans le métier de prof, vous êtes à la fois acteur et metteur en scène : vous jouez un rôle en ayant des informations à transmettre, mais vous êtes aussi le chef d'orchestre qui tire les ficelles de l'échange… et pas question de vous laisser déborder !

C'est à vous, et non à vos élèves, de trouver l'équilibre entre les moments purement informatifs durant lesquels vous transmettrez des connaissances et les moments où vous laisserez la parole à vos élèves. Dans les premiers cas, vous avez le monopole de la parole : le silence des élèves doit être sans faille ; dans le second cas, vous êtes dans la phase du questionnement et vos élèves prennent la parole… à tour de rôle. Cela aura l'avantage de vous permettre de vérifier que vos élèves ont bien saisi ce que vous avez démontré auparavant.

LE TRUC EN +

Même si cette pratique vous paraît ringarde, imposez à vos élèves de lever la main à chaque prise de parole et d'attendre que vous les interrogiez. Il est impensable de se retrouver, suite à une question que vous poserez, devant une cacophonie de réponses, plus ou moins justes…

Interrogez vos élèves

Interrogez, questionnez, mais que cela ne ressemble pas tout le temps à un interrogatoire! L'interactivité en cours ne fonctionnera que si vos élèves se sentent libres de prendre la parole. Évitez ainsi de bloquer les prises de paroles de vos élèves par des remarques piquantes, qui risqueraient de les blesser. Et même si, pour vous, ces remarques sont un simple trait d'esprit, n'oubliez pas que le sens de l'humour des ados et préados est parfois proche de zéro, et que le second degré peut bien souvent leur échapper.

De la même façon, ne limitez pas les prises de paroles quand elles sont pertinentes et ne craignez pas de perdre la vedette quand Nicolas se lance dans une explication remarquable sur les technologies de l'information et de la communication (il faut dire que c'est son dada, la communication!). La conversation en cours est un plus: elle montre que vos élèves ont un intérêt pour ce que vous leur racontez.

LE TRUC EN +

Soignez votre questionnement et optez pour des questions ouvertes qui favoriseront l'élaboration et la réflexion de vos élèves et laisseront peu de place au hasard. Amusez-vous en posant régulièrement des questions au hasard. Mais attention, les plus timides de vos élèves n'aiment pas être surpris; mettez-les en condition en donnant leur prénom avant d'énoncer votre question. Pour les durs à cuire ou encore ceux qui sont peu attentifs, posez la fameuse question et lancez leur nom à la fin. La plupart du temps, cela les réveillera et vous donnera certainement l'occasion de leur faire remarquer qu'ils sont peu attentifs.

Un cas pour chaque situation

Si le dialogue a des vertus pédagogiques indubitables, vous n'êtes cependant pas Socrate, et vos élèves, en plus, ont bien du mal, cette année, à se mettre d'accord et à élaborer leur pensée. Bref, vous piétinez et le programme est loin d'être bouclé.

Il n'est pas question pour vous de construire vos cours en misant systématiquement tout sur le dialogue. Ce qui est véritablement efficace, c'est de changer de pratique d'un cours sur l'autre. C'est la variété qui créera la différence et vous évitera l'ennui, votre ennemi commun à vos élèves et vous-même.

Ainsi, passez du cours magistral durant lequel vous faites une explication en continu et qui aura la vertu de permettre à vos élèves de se perfectionner en matière de prise de notes, à la séquence qui mêle explications magistrales et activités menées par le groupe… c'est en changeant de méthode régulièrement que vous trouverez le bon équilibre.

LE CHEF, C'EST VOUS !

Faire un cours magistral, si cela demande un gros effort de préparation, est aussi, pour certains, une façon de contourner le dialogue indispensable à une bonne gestion de classe.

Apprivoisez vos peurs

Certains profs passent difficilement le relais de la parole aux élèves. Souvent, ils aiment s'écouter parler… ou encore, ils pensent qu'en gardant la parole, ils s'évitent bien des dérapages. Il est clair qu'en donnant la parole aux élèves, tout peut arriver… Mais si vous avez clairement défini les règles du jeu avec votre groupe, il n'y a pas de raison que chaque dialogue engrangé en cours se termine en pugilat.

Ainsi, mettez de côté certaines craintes, qui, dans bien des cas, sont tout à fait légitimes, mais ne doivent cependant pas être la justification au fait que vous ne dialoguez pas avec vos élèves.

Ces craintes sont très diverses : elles peuvent concerner le prof qui ne veut pas perdre de temps en laissant la parole ou encore qui a peur que le niveau de langue se dégrade tout à coup. On imagine aussi très souvent que le fait de dialoguer simplement avec un groupe rompt quelque peu la distance et nous fait perdre un brin de crédibilité.

D'une manière générale, ce qui fait peur dans le dialogue c'est la part laissée à l'improvisation : vous sortez du cadre prédéfini de votre cours et vous êtes amené à aborder des sujets que vous n'avez pas forcément préparés. Et pourtant, ces espaces de liberté, de réflexion collective sont essentiels et permettent de générer une ambiance de travail stimulante.

Dialogue et autorité

Le dialogue ne doit jamais menacer votre autorité. Il vous faut constamment recadrer. On comprend très bien que le dialogue en classe soit en quelque sorte en « liberté conditionnelle » et que le moindre dérapage entraîne une sanction.

Pour garder le contrôle, veillez constamment à la qualité des interventions, aussi bien sur le fond que sur la forme. Il n'est pas pensable à l'oral que le registre de langue évolue vers le familier. Les élèves doivent prendre conscience très vite de l'importance de la formulation, du poids des mots… Néanmoins, si vous vous devez de surveiller la forme et le fond, attendez la fin de l'intervention de votre élève, afin de faire vos remarques. Il n'y a rien de plus difficile que de tenter d'expliquer sa pensée en étant en permanence interrompu par les remarques de son interlocuteur.

LE TRUC EN —

Interroger toujours les mêmes, ceux qui, la main levée, sont quasiment debout sur leur chaise et poussent des « *moi, Madame, moi, Monsieur* ». C'est évident, ils ont la bonne réponse et ils vous permettront d'enchaîner directement sur le deuxième chapitre… Néanmoins, ceux du fond que vous n'interrogez jamais, commencent sérieusement à ronfler… ce sont eux qu'il faut aller chercher de temps en temps.

Individualisez

Si le dialogue en cours est public et que les apartés sont bannis en règle générale dans la salle de cours, il n'est cependant pas rare que vous ayez à vous adresser à un élève en particulier. Ce dernier, par exemple, a un comportement que vous jugez peu tolérable pendant le cours. Plutôt que de le réprimander devant la classe, approchez-vous de lui et demandez-lui en aparté de changer sur le champ d'attitude. Le prendre à parti en public risquerait fort de le blesser davantage dans son orgueil, et si vous avez affaire à une forte tête, il n'hésitera pas à chercher un peu plus la bagarre, ce qui pourrait vous mettre dans une posture délicate et vous ferait perdre du temps sur votre cours.

La communication en classe a ceci de complexe qu'elle dévoile très vite les personnalités et qu'il vous faut les prendre en compte, avec diplomatie. Elle peut aussi être synonyme de désordre, cadre peu propice à la construction d'un savoir. Elle est cependant ce sur quoi tout prof doit travailler, en tentant de dépasser la crainte de se laisser déborder ou — pire peut-être... — de n'obtenir en guise de réponse qu'un long silence...

Déjouer l'attente, surprendre l'autre

Surprise, surprise !

Surprendre ses élèves, c'est être en mesure de réactiver leur écoute, mais c'est aussi travailler à s'interroger soi-même sur sa capacité à rendre vivant ce que l'on a à transmettre. Cela passe bien évidemment par la forme et par le fond de vos cours, ce qui implique pour vous de mettre en scène un contenu qui soit suffisamment original, sans pour autant rogner sur le programme.

JOUER SUR L'INTERACTIVITÉ

Un cours réussi est un cours qui laisse une grande place à l'échange, au dialogue, de façon constructive. C'est aussi un cours qui passe vite, pour eux comme pour vous. Pour éviter l'ennui, de votre côté, comme du côté de vos chérubins, misez sur la communication et jouez-en.

Captez l'univers de vos élèves

Il est clair que bien souvent, entre votre imaginaire et celui de vos élèves, il y a un gouffre. Vous en avez conscience, puisque les rares fois où vous vous branchez sur les radios qu'ils écoutent, vous êtes incapable de fredonner la moindre chanson et vous restez relativement perplexe. Sans pour autant vous ruer toutes les semaines sur les magazines pour jeunes, ni passer votre temps devant la télé, à l'affût du moindre phénomène de mode, ne restez pas non plus retranché derrière « votre » culture, qui n'est pas « LA » culture.

Captez l'univers de vos élèves, en vous informant un minimum : vous vous laisserez ainsi la possibilité d'établir des passerelles, et par conséquent vous leur donnerez la chance de retenir davantage de choses.

Surprendre c'est aussi, sans faire de démagogie, leur signifier que leur univers ne vous est pas inconnu. Oui, la mode gothique, vous connaissez et si vous êtes prof de français et que vous abordez le XIXᵉ siècle, vous pourrez toujours leur parler de l'esthétique romantique. Peut-être irez-vous jusqu'à leur parler de Théophile Gautier…

Sollicitez-les de façon dynamique

Rien de tel pour garder les esprits éveillés qu'un prof qui pose des questions. Mais encore faut-il que cela ne soit pas perçu comme un interminable ping-pong qui vous fatiguera vite. Le mieux, pour surprendre, est de jouer sur divers effets de mise en scène…

- Vous êtes en train d'écrire au tableau, dos à vos élèves ; pourquoi ne pas en profiter pour interroger Nicolas, qui – vous le savez puisque vous avez des yeux derrière la tête – s'endort gentiment au rythme de votre craie qui se promène sur le tableau noir. C'est le décalage qui crée la surprise, soyez-en convaincu. Exposer un théorème et en plein milieu, sans changer de ton, demander expressément à Nicolas de lacher son portable… voilà une situation cocasse qui vous donnera du dynamisme et ne vous fera pas perdre votre temps.
- Vous regardez au fond de la classe, sur le côté gauche, interrogez donc Carla qui se recoiffe au premier rang, etc.
- Vous pouvez aussi leur poser des questions incongrues qui apparemment n'ont pas de lien direct avec le cours. Un peu de fantaisie ne fait de mal à personne et l'originalité, si elle est bien dosée, est une arme redoutable.

> *Cette année-là, j'étais face à une classe particulièrement réticente à la grammaire et à l'orthographe. À l'heure des correcteurs informatiques, savoir conjuguer un verbe du premier groupe au présent ne servait à rien, selon la plupart de mes élèves. Je ne savais pas comment m'y prendre, pourtant je n'avais qu'une envie : les faire écrire, afin qu'ils comprennent l'importance de la maîtrise de la langue, mais aussi qu'ils prennent un peu de plaisir à ça. Autant dire que si je partais de Victor Hugo ou de Voltaire, j'allais forcément me planter… j'ai donc tout misé sur une citation de ce cher Cantona, formidable de mystère philosophique et d'une opacité remarquable. J'ai demandé à chacun de sortir une*

feuille, en expliquant que l'on allait faire un travail d'écriture qui serait noté... cris outrés des trente énergumènes, «c'est pas juste», «put..., je suis trop nul en écriture», j'en passe et des meilleures. Quand enfin le vent de révolte a pris fin et que le silence s'est imposé, j'ai dicté le sujet: «Expliquez cette citation...» et rebelote pour les grognements... je parviens tout de même à finir ma phrase. Je lève les yeux et je vois des trente visages ahuris, bouche bée... un téméraire rompt ce silence extraordinaire et lance avec hésitation «Mais Madame, c'est pas un écrivain, le mec qui a dit ça... c'est Éric Cantona». Et alors? La philosophie obscure de ce grand sportif fera très bien l'affaire pour un devoir d'écriture. À vos marques... et au travail! Jamais ils n'ont été aussi attentifs à leur rédaction. Les verbes n'étaient toujours pas bien conjugués, mais on sentait que, dans certaines copies, l'élève s'était appliqué. Je ne renouvelle pas systématiquement l'expérience. Mais une séance un peu farfelue, qui ne rogne en rien sur les objectifs que l'on s'est fixés, ne fait de mal à personne et peut même agir très positivement sur l'enthousiasme des élèves à venir à votre cours!»

Pascale C., professeur de français en lycée.

Les jeux scéniques, l'humour que vous allez manier en cours sont des remparts contre l'ennui, mais attention! L'humour, oui, mais pas trop de quatrième degré! Comme nous l'avons déjà dit, les lycéens – et les collégiens encore plus – ont tendance à très mal maîtriser cette arme redoutable. Et si vous optez pour la stratégie de la vanne, gare aux retombées… eux, pour le coup, savent bien faire et peuvent vous renvoyer l'appareil de façon très très violente!

PAROLES D'EXPERT

Pour réactiver l'écoute, jouez sur l'élocution. Faire des ruptures en attaquant ses phrases, trouver du relief dans le phrasé, soutenir ses finales, sont des moyens très efficaces et nécessaires, pour éviter de tomber dans la monotonie et la linéarité. Il ne faut pas hésiter à faire de l'humour, à poser des énigmes sur un mode ludique, à raconter des histoires.

CRÉATIVITÉ ET RENOUVELLEMENT : DEUX VALEURS SÛRES CONTRE L'ENNUI

Un bon prof parvient à remettre en question sa façon d'enseigner ; il est aussi celui qui adapte une méthode de travail à un groupe, sans pour autant tomber dans la démagogie. Se renouveler, c'est essentiel pour continuer à s'épanouir dans le métier.

Amusez-vous !

Ne soyez pas prisonnier des règles, posez-vous des questions et interrogez aussi les autres professeurs afin de savoir comment ils procèdent en cours. Soyez toujours en éveil et apprenez à écouter ce qui peut paraître bizarre ou éloigné de votre sujet. La question clé que vous devez constamment avoir en tête est : « Pourquoi pas ? », en évitant d'être négatif et de vous laisser envahir par les préjugés (« personne n'a jamais fait ça auparavant » et autres « ça ne marchera pas »).

Accueillez l'inconnu, soyez à l'écoute des réactions de vos élèves, qui, si elles sont pertinentes, peuvent vous permettre de développer un point nouveau, de sortir un peu des sentiers battus, tout en restant cadré. Ne tombez pas, en effet, les deux pieds dans la fantaisie pure et n'oubliez pas votre objectif pédagogique : transmettre un savoir.

Savoir rebondir sur les interventions parfois déplacées de vos élèves, être créatif au point d'avoir réponse à tout… c'est un idéal. Avant d'en arriver là, il faut en passer par l'image que l'on a de soi. La confiance en soi et la créativité sont des éléments clés de cette faculté à réagir. Il vous faut avant tout vous persuader d'une chose : en classe, vous êtes à votre place et ce que vous faites à de la valeur… même si parfois le comportement désinvolte de Nicolas et les bâillements intempestifs de ses congénères vous disent le contraire. Dans la mesure où vous avez sérieusement préparé votre cours et où vous maîtrisez le sujet, dites-vous que vous êtes compétent. Avoir une image positive de soi est essentiel pour développer le charisme nécessaire à l'improvisation.

Pensez également à ménager des effets de suspens dans votre cours, quelle que soit la matière que vous enseignez. Au théâtre, le spectateur est particulièrement attentif lorsqu'il y a du suspense, c'est-à-dire quand il sent que le héros est dans une tension qui le mène quelque part. Il vous faut donc, pour laisser pressentir cette tension, parfaitement maîtriser le contenu de votre cours.

Variez les supports

Cherchez des idées, prenez des initiatives, dépoussiérez un peu votre enseignement en prenant soin de varier vos cours d'une année sur l'autre. La tentation est facile de reproduire pendant dix ans les mêmes cours, et un grand nombre de profs y succombent. Néanmoins, en agissant ainsi, le temps que vous gagnerez en préparation sera proportionnel à votre ennui en cours. Or, un prof qui s'ennuie, c'est un prof ennuyeux. Découvrir avec vos élèves une nouvelle façon de procéder, un nouveau texte, un nouvel exercice, c'est dynamiser votre enseignement.

Ensuite, vous devez constamment vous adapter à votre classe, dans les limites de votre programme. Une classe un peu difficile aura certainement besoin que vous passiez par des passerelles plus actuelles. Pourquoi, si vous êtes prof d'anglais, par exemple, ne pas leur apprendre un point de grammaire grâce à une chanson à la mode ?

Quelle que soit votre matière, il faut leur montrer que ce que vous faites a du sens, est actuel. Si vos cours sont pleins de poussière, vous n'y arriverez pas.

Changez de méthode

Cela implique surtout d'être parfaitement à l'écoute du rythme d'apprentissage de votre classe. Vous pouvez faire ce diagnostic dès le début d'année, mais il peut aussi arriver qu'une heure de cours ne passe pas, pour x raisons. À vous d'être capable de vous en rendre compte, sans pour autant vous remettre complètement en question. Pour cela, gardez le contact avec vos élèves en les observant attentivement. La plupart du temps, ils ne s'embarrassent pas de principes et ne cachent pas leur ennui. Leurs minois vous diront vite qu'ils dorment, qu'ils ne comprennent rien, etc.

Si vous faites ce constat, ne vous acharnez surtout pas et tentez de proposer une autre méthode. Il n'y a rien de pire que trente élèves qui ressortent de cours en n'ayant rien retenu. Si après plusieurs tentatives cela ne fonctionne toujours pas, ne vous acharnez pas à déconstruire votre méthodologie… le problème ne vient pas de vous, mais d'eux, et dans certains cas, on ne peut rien faire du tout !

Développez votre créativité

Développer votre créativité est un moyen de tenir en éveil vos élèves, et de vous épanouir dans votre métier. Proposez des projets, innovez, seul ou mieux, en équipe, avec vos collègues. Vous gagnerez en efficacité par le renouveau et un brin de fantaisie. Rangez votre costume de «vieux prof», balayez tout ce qui se rapproche de près comme de loin à la banalité. L'objectif n'est pas de tomber dans la fantaisie pure qui n'aurait pas de sens, mais de montrer votre enthousiasme et votre désir de capter l'attention. Un peu d'originalité par le biais d'applications un peu déroutantes, mais avec un intérêt pédagogique indéniable, est toujours bienvenue en cours. Oubliez un temps le livret du professeur, avec sa batterie d'exercices austères, et tâchez de construire vous-même vos supports. Cela permettra à vos élèves de sentir qu'il y a en vous un véritable investissement personnel.

LE TRUC EN +

Boostez votre créativité en vous inscrivant à des ateliers de loisirs créatifs ou encore à des ateliers d'écriture. Vous pouvez le faire en club, ou bien en restant tranquillement chez vous devant l'écran de votre ordinateur. Faites une recherche rapide et vous constaterez que beaucoup de sites proposent des ateliers d'écriture.

L'intérêt est pour vous de décloisonner votre enseignement, d'ouvrir de nouveaux horizons et de faire en sorte que ce que vous faites chez vous ait une répercussion sur ce que vous êtes en cours.

Après cela, soyez-en convaincu : vous faites le plus beau métier du monde... La seule chose, c'est que, parfois, vous avez tendance à l'oublier. Un peu de renouveau, beaucoup d'enthousiasme, même si parfois, on le sait, le public n'est pas toujours facile, et le tour sera joué !

Quatrième partie

Partir en tournée

Avoir la bonne attitude en conseil de classe

Avocats et associés

Le prof acteur n'est pas seulement en représentation dans la classe. Les coulisses de l'Éducation nationale regorgent de situations de communication durant lesquelles on doit se positionner différemment. Le conseil de classe est en cela une tradition à laquelle vous ne pourrez échapper. Que vous soyez prof principal ou non, comment imposer votre point de vue sans tomber dans le conflit ?

LE SCÉNARIO CLASSIQUE DU CONSEIL DE CLASSE

Pour mémoire, le conseil de classe se compose :
- du chef d'établissement ou de son représentant ;
- des professeurs de la classe qui constituent le gros de l'effectif ;
- du conseiller principal ou du conseiller d'orientation ;
- des délégués de classe ;
- des délégués des parents d'élèves ;
- et, si nécessaire, du médecin scolaire, de l'infirmier, s'ils ont à débattre d'un élève en particulier.

Le tout forme une joyeuse troupe qui a pour objectif de statuer sur l'orientation des élèves. Sachant que la plupart du temps, l'équipe se croise dans la salle des profs et discute… les choses sont souvent réglées d'avance et le conseil de classe ne fait alors qu'officialiser des décisions prises devant la machine à café. Parfois, au contraire, c'est pendant ces rencontres que l'on se fait une idée bien précise de tel ou tel « cas ».

CE QUE L'ON ATTEND DE VOUS

Vous pouvez avoir l'impression désagréable de vous retrouver à la place de vos élèves. Si c'est le cas, prenez confiance et optez pour la bonne attitude qui vous permettra de faire passer des messages… et de faire en sorte que le conseil ne dure pas trois heures !

Ambiance, ambiance

L'atmosphère varie considérablement d'un établissement à l'autre. Certains conseils se passent dans une ambiance particulièrement détendue, d'autres sont menés de façon plus stricte. C'est la direction qui donne le ton.

Le public enseignant est bien souvent assez indiscipliné en réunion, comme si le brouhaha des élèves était contagieux. Pas question cependant de vous planquer au fond de la salle pour jouer aux morpions pendant le conseil. D'une part, la salle de réunion est bien souvent dotée d'une table ronde qui se veut ouverte à la communication et vous n'échapperez pas au regard du grand chef, d'autre part, le temps passera bien plus vite si vous avez une attitude active.

Les difficultés propres au conseil de classe

La difficulté d'une telle situation est que vous avez affaire à un public hétérogène :
- les élèves, qui attendent de vous des données claires et précises. Il faut donc tâcher d'utiliser des tournures simples, non ambiguës (votre parole peut largement être déformée et donner lieu à des rumeurs particulièrement désagréables) ;
- vos collègues, avec qui vous avez plus ou moins d'affinités. Mettez de côté les querelles personnelles et n'oubliez pas que l'objectif de cette rencontre est de parler des élèves et rien d'autre ;
- votre hiérarchie ;
- les parents d'élèves qui n'ont pas forcément envie d'entendre du jargon pédagogique et qui attendent la plupart du temps une résolution rapide et pragmatique.

LE TRUC EN +

Soyez ouvert au dialogue et montrez-le par votre posture : le buste redressé, les mains non crispées, la voix posée. Le conseil de classe est un dialogue ; vous vous dévaloriserez considérablement si vous coupez sans cesse la parole à vos collègues. Écoutez, notez et intervenez posément.

Il faut savoir maintenir ses positions en argumentant, sans tomber dans la polémique ni la mauvaise foi.

Un conseil de classe pourra aussi être un moyen pour vous de vous rendre compte de certains points flous dans vos méthodes d'apprentissage. Tout est bon à prendre. À vous de savoir rebondir.

UN CONSEIL, ÇA SE PRÉPARE !

On ne débarque pas en conseil de classe en touriste. Comme pour toute réunion, il faut un minimum de préparation.

Dans votre cartable

Pour être efficace et éviter de vous retrouver dans la situation désagréable de ne pas savoir de qui on parle, munissez-vous pour chaque élève :

- de ses derniers bulletins ;
- de la fiche de renseignements que vous avez demandée au début d'année ;
- du trombinoscope ;
- des notes de l'élève dans votre matière.

Pour les cas que vous jugerez problématiques, préparez un argumentaire. Inutile pour cela de vous jeter corps et âme dans une longue dissertation. De simples mots-clés qui mettent en avant les faiblesses scolaires et comportementales et les points forts feront parfaitement l'affaire. L'intérêt pour vous est d'avoir constitué un aide-mémoire facile d'utilisation et qui vous évitera de faire attendre tout le monde parce que vous ne retrouvez pas vos données. Ceci est capital, car, dans le feu de l'action, on peut oublier certains éléments d'importance.

Ce travail – certes un peu fastidieux – rendra vos interventions efficaces et vous aidera à structurer vos propos. Il n'y a rien de pire, dans ce genre de réunion que le prof qui monopolise la parole, pour ne rien dire au bout du compte… surtout à 20 heures, le vendredi soir.

Votre tenue

Inutile de sortir le costume trois pièces, si vous n'avez pas l'habitude d'officier en cours avec, sous prétexte que vous allez vous retrouver devant votre hiérarchie. N'arrivez pas non plus débraillé. Soyez correct et restez vous-même.

LE TRUC EN +

Si vous débutez et que la prise de parole dans cette situation vous pose problème, vous pouvez alors jouer sur l'apparence. Une tenue soignée vous donnera de l'allure, mais surtout de la confiance. Sans vous déguiser, il n'est pas inenvisageable d'arriver en tailleur pour l'occasion, histoire d'en imposer un peu !

CAS D'ÉCOLE

La plupart du temps, les conseils se passent sans heurt. Mais que faire si les participants ne parviennent pas à trouver un terrain d'entente ?

Il n'est pas du tout exclu que les parents de Nicolas, particulièrement agité en cours d'anglais, soient présents… On s'écrase ? Non ! Tant que vos remarques restent mesurées, et qu'elles ont pour objectif de tenter de débloquer la situation, elles sont légitimes. Le tout est de s'exprimer de manière directe, sans pour autant tomber dans l'accablement.

LE TRUC EN +

Adressez-vous directement aux parents. Il n'y a rien de plus désagréable pour un père que d'entendre une équipe de pédagogues juger son rejeton, sans être intégré dans la discussion.

Si vous êtes professeur principal

Vous aurez alors de façon plus systématique à prendre la parole, pour présenter l'ensemble des résultats du groupe par exemple. Votre rôle sera aussi d'anticiper les conflits en allant récolter des informations en amont du conseil. Par exemple, un élève pose problème sur le plan du comportement : il n'est alors pas interdit, voire particulièrement recommandé, de rencontrer les parents afin de les en informer, et surtout de comprendre pourquoi cet élève est un élément perturbateur.

PAROLES D'EXPERT

Jean-Claude B., directeur financier, est constamment sollicité pour participer et/ou organiser des réunions, des tables rondes. Voici ce qu'il en dit : « L'ordre du jour doit être particulièrement bien défini et il est intéressant de faire valider la compréhension du sujet par chaque participant, afin d'éviter au maximum les quiproquos, bien souvent source de conflits. Que ce soit moi qui dirige le débat, ou bien que j'intervienne comme simple participant, je mets toujours l'accent sur l'écoute de l'autre. Écouter l'autre, ce n'est pas être passif, au contraire. La crédibilité de la parole de chaque participant est fortement liée à sa capacité à écouter les autres. Et il ne faut pas hésiter à faire reformuler la parole de l'autre, par des formules toutes simples comme "si je vous ai bien compris…" D'autre part, les points de désaccord sont parfois fort nombreux et je fais attention à ne pas exprimer ma position dans l'agressivité… même si cela me demande parfois un effort incroyable. Car il ne faut pas oublier que l'objectif d'une réunion, quelle qu'elle soit, est de trouver une solution ou une position partagée par le plus grand nombre. »

En bref, un conseil de classe peut être long. Très long. Mais il ne doit pas passer pour accessoire et votre attitude doit être active. Plus elle le sera, plus vite le temps passera!

Gérer les réunions parents/professeurs

Partenaires particuliers

Vous n'y couperez pas, et ce n'est d'ailleurs dans l'intérêt de personne : la réunion parents/profs est un passage obligé. Si parfois, en pratique, elle passe pour une épreuve de force – pour les parents comme pour les enseignants –, elle peut, si elle est bien organisée, devenir une grande source d'enrichissement.

UN PARCOURS DU COMBATTANT ?

L'idée d'avoir une réunion parents/profs vendredi soir, alors que vous aviez prévu de vous faire une toile ne vous fait pas bondir de joie. Ce n'est pas une raison pour ne pas rappeler les vertus de ces rencontres...

Objectifs de la rencontre

- Pour les parents, ces réunions sont utiles pour vous connaître, en savoir plus sur le programme, avoir un bilan des résultats de leur enfant, ainsi qu'un aperçu de son comportement en cours.
- Pour vous, l'objectif de cette réunion est d'être informé sur la façon dont l'élève perçoit la discipline, ses méthodes de travail à la maison, son environnement familial.

L'objectif de ces rencontres est également de souligner la nécessaire implication des parents dans le cursus scolaire de leur enfant...

Toujours prêts?

Aussi bien pour vous que pour les parents, la question de la disponibilité se pose. Si vous terminez vos cours relativement tôt certains jours en semaine, ce n'est pas le cas des parents d'élèves. Ainsi, ne vous étonnez pas trop si, entre 16 et 18 heures, vous ne voyez pas grand monde… C'est l'un des reproches principaux que font les parents concernant ces rencontres: leur planification est parfois mal adaptée à leur emploi du temps. De plus, il est difficile souvent d'être parfaitement attentif et ouvert après une dure journée de travail.

Pour faciliter les choses, un peu d'organisation est de mise, aussi bien dans l'enchaînement des divers entretiens, que durant l'entretien en lui-même.

L'heure, c'est l'heure

En fonction de la politique de votre établissement, voyez si vous ne pouvez pas planifier ces rencontres, en attribuant pour chaque famille une heure précise de rendez-vous. Vous gagnerez en efficacité et pourrez ainsi voir un maximum de personnes. Le must est encore de faire passer l'information en amont, en inscrivant un petit mot sur le carnet de liaison de vos élèves, précisant que vous aimeriez rencontrer les parents.

Une fois les rendez-vous pris, il vous faut respecter leur durée. Il est vrai qu'en fonction des élèves et de leurs difficultés, la durée de l'entretien peut varier. Si vous ne pouvez pas garder chaque parent une heure, vous ne pouvez pas non plus traiter des difficultés d'un élève en cinq minutes. Ménagez des marges dans votre planning afin d'anticiper sur les dépassements potentiels. De plus, rien ne vous empêche de prendre rendez-vous ultérieurement avec l'un des parents, si vous estimez que votre rencontre ne suffit pas. Si vous le pouvez, inscrivez l'ordre des rendez-vous sur la porte de votre salle, dans le couloir, et barrez au fur et à mesure le nom des parents rencontrés. Cela facilitera grandement les choses pour les parents et évitera de les faire attendre pour rien.

LE TRUC EN +

Évitez les digressions. Certains parents, par exemple, sont emplis d'une grande nostalgie à l'occasion de ces rencontres et n'hésitent pas à vous faire part de leur expérience de collégien ou lycéen. Le plus simple, est de recentrer poliment sur leur enfant, afin de ne pas perdre trop de temps. On trouve souvent ces réunions bien courtes, alors, mieux vaut se concentrer sur l'élève.

Un peu de rigueur et le bon matériel

Le déroulement de l'entretien idéal (à respecter dans la mesure du possible) :

- objectif du cours ;
- méthodes de travail ;
- dysfonctionnements éventuels ;
- conclusion.

Si la rencontre avec les parents est d'une grande richesse, elle ne doit pas dépasser le cadre scolaire. La dimension affective, familiale, peut être évoquée, mais il n'est pas question pour vous de prétendre résoudre tel ou tel problème. En être informé est déjà un bon début. Pour le reste, orientez vers des personnes compétentes en la matière.

LE TRUC EN +

Avoir sous la main un trombinoscope des élèves, histoire de ne pas parler dans le vide, ou pire, de confondre.

« Me voilà prête pour une énième réunion parents/professeurs... D'abord les profs principaux, n'est-ce pas ? La file d'attente est bien longue chez le matheux, idem chez madame l'enseignante en français... mais qu'à cela ne tienne, puisque les notes de ma fille sont bonnes, j'irai chercher les "grands" compliments après avoir consulté les autres, ah tiens un détour chez la prof de techno, elle me paraît bien seule... j'y vais.

"Bonjour, je suis madame B., la maman de Marie B.. je voudrais savoir... (Aïe, que n'ai-je pas dit ?)

*– Mais, me dit la dame mi-figue, mi-raisin, prenant soin de ma sen-
sibilité... votre fille est insupportable, elle n'écoute pas, bavarde, est
parfaitement insolente, d'ailleurs ses notes en font foi...*

– Mais...

*– Non Madame, désolée, mais votre fille l'autre jour a pratiquement
lu un magazine people pendant dix minutes, a été exclue du cours, le
saviez-vous ?*

*– Non, dis-je, stupéfaite et trrrrrrès en colère... dans les autres matiè-
res, je n'ai rien entendu de tel... je suis vraiment désolée, abasourdie et
je ne comprends pas du tout l'attitude de Marie (elle ne perd rien pour
attendre, pensé-je !)*

*– Eh bien Madame je regrette de devoir vous dire que Marie a besoin
qu'on lui remonte sérieusement les bretelles, au moins dans mon
cours...*

– On parle bien de Marie B. ?

– !!!!!!!!!!!!!!!!!!!!!!! Euh, vous n'êtes pas la maman de Marie Y ?

– Non..."

La dame blanchit un peu, me dit maladroitement qu'elle s'est trompée
d'élève, que Marie est très "gentille", tiens, presque formidable (ce qui
m'étonne, elle n'est pas trop branchée technologie, mais bon), et bre-
douille mille excuses... Rassurée, un peu "piquée", je sors malgré tout
avec le sourire, et une pensée pour les parents de l'autre Marie, qui
ont peut-être reçu des appréciations très sympathiques de leur fille...
Ça n'arrangera en rien la sérénité des cours futurs si tel est le cas... »

Blandine B., mère d'élève.

MISE EN SCÈNE

Soyez accessible

Lors d'une réunion parents/profs, vous n'êtes plus en situation de cours.
Oubliez donc votre jargon et bannissez le vocabulaire trop technique
qui pourrait bloquer certains parents. Vous êtes certes un professeur,
mais ici, votre rôle évolue un peu, vers une relation égalitaire d'adultes
à adultes. Ne donnez surtout pas l'impression d'être infaillible, et osez
dire « je ne sais pas ».

Concrètement, cela implique une nouvelle gestuelle ; descendez donc de votre estrade (si votre salle en est pourvue) par exemple, afin d'aller vers votre interlocuteur, sans marquer une frontière d'autorité peu légitime ici. Ne restez pas derrière votre bureau. Le mieux est encore de construire un espace d'échange ouvert, autour d'une table de la salle de cours.

Créez une ambiance conviviale

Serrez la main, souriez, même quand vous recevez les parents de ce petit Nicolas qui vous fait cauchemarder. L'objectif est de créer une ambiance chaleureuse : la communication en sera facilitée. Utilisez pour cela un vocabulaire positif : il ne faut pas démonter votre élève, mais tâchez de trouver des solutions, en partenariat avec les parents, pour qu'il progresse. Pas de tournures négatives, donc, mais ne cachez pas la vérité pour autant. Tout est une question de dosage et de diplomatie.

LE TRUC EN +

Prévoyez des feuilles et des crayons pour que le petit frère de Nicolas puisse dessiner pendant le rendez-vous.

Soignez votre apparence

Vous devez également avoir songé à votre apparence. C'est dans votre tenue, votre coiffure que vous allez vous affirmer. Ayez une présentation soignée mais restez vous-même ! Une tenue inhabituelle risquerait de vous mettre mal à l'aise.

Derniers conseils

- S'assurer que les parents sont bien les «vrais» parents. Le discours
  ne sera pas le même face à un beau-père non investi de l'autorité
  parentale.
- Demandez-vous avant la réunion si vous souhaitez rencontrer les
  parents en présence de l'élève. Cela peut débloquer certaines situations de conflit, mais aussi les empirer. Chaque cas étant unique, c'est
  à vous de décider!
- Repérer les parents profs. Pour eux, il faut parfois plus argumenter
  pour expliciter ses orientations pédagogiques, qui peuvent parfois
  différer de leur propre pratique.

Animer une réunion parents/profs n'est pas si simple: cela
nécessite une préparation en amont, avec une définition
d'objectifs généraux, mais aussi d'objectifs plus individuels, qui
concernent chacun de vos élèves. Et tâchez de respecter
votre timing au maximum afin de ne pas faire de ces soirées
un supplice, pour vous comme pour les parents!

Réussir son inspection

Même pas peur !

L'inspection est toujours un moment difficile, qui entraîne un stress important, même chez le prof consciencieux et rigoureux. Alors, pour éviter de passer trop de nuits blanches à vous faire des idées noires dès lors que votre cauchemar en personne s'est annoncé, suivez le guide !

RAPPEL DES MODALITÉS DE L'INSPECTION

C'est cette année, vous le savez, vous le sentez… Mais est-ce que cela vaut vraiment la peine de passer une année d'angoisse pour une simple petite inspection ? Retour rapide sur les enjeux…

Objectifs

L'inspection a pour finalité de contrôler et d'évaluer vos activités de prof.

L'inspecteur est soit :

- un IGEN (inspecteur général de l'Éducation nationale) ;
- un IA-IPR (inspecteur d'académie, inspecteur pédagogique régional) ;
- un IEN (inspecteur de l'Éducation nationale).

C'est lui l'auteur du fameux « rapport », celui qui va vous faire passer des nuits blanches, et c'est également lui qui vous attribuera votre note. Si vous êtes enseignant stagiaire agrégé, l'inspecteur donnera son avis sur vos aptitudes à enseigner, ce qui est essentiel pour votre titularisation.

À noter que les stagiaires certifiés dépendent de l'IUFM et ne sont pas inspectés pendant l'année de stage.

LE TRUC EN +

N'oubliez pas que vous pouvez de vous-même solliciter une inspection. Cela peut être l'occasion de faire un bilan de compétences efficace et de profiter des conseils d'un tiers.

Vous avez un droit de réponse sur le rapport qui sera rédigé sur vous. N'oubliez pas que l'inspection est censée être un enrichissement pour vous en vous offrant l'opportunité de progresser ou d'être récompensé d'un travail particulièrement bien mené. Ce n'est pas une punition, et cela peut être l'occasion de dialoguer sur votre pratique notamment à travers l'entretien.

LE TRUC EN +

Si le rapport n'est pas toujours élogieux, pas de panique. N'oubliez pas qu'aucun double n'est donné à vos élèves ni à leurs parents. Seuls vous et votre chef d'établissement en êtes les destinataires !

Chronique d'une visite annoncée

Un inspecteur ne vient jamais à l'improviste. S'il s'invite sans vous demander vraiment la permission, il annonce cependant sa venue et les objectifs de celle-ci. La plupart du temps, il a été clairement informé de vos conditions d'enseignement. Si vous faites cours à une classe difficile dans un établissement où les conseils de discipline s'enchaînent, il en tient compte. Chaque pratique pédagogique est évaluée, en théorie, en fonction de l'environnement socioculturel.

> Le principal adjoint vient me voir le matin et me fait part de l'inspection que j'aurai vendredi après midi, dans pile-poil une semaine, celle avant les vacances de décembre, lors de ma deuxième heure de cours avec cette classe. J'en suis, comment dire... ravi.

Je suis donc à J-7, avant mon inspection avec une classe de 3ᵉ plutôt agitée, à un moment qui n'est pas favorable, un vendredi après-midi, une semaine avant les vacances, ce qui laisse présager le pire... Après avoir réfléchi à mon champ d'action pour «affronter» cette inspection, je décide de prévenir, à mon tour, les élèves. Ils se réjouissent (en s'esclaffant fortement) à l'idée, qu'un inspecteur de l'Éducation nationale sera parmi eux dans une semaine. Ainsi, ils ont l'impression d'être importants aux yeux du collège et de leur professeur. Car au fond, ils n'attendent qu'une seule chose, que l'on s'intéresse à eux. Mais au cours de ces réjouissances, un élève me lance : "On va vous ruiner, M'sieur !" Mon teint devient blanchâtre... heureusement, juste après il ajoute : "Non j'déconne !" Bref, je suis parfaitement... "serein" pour l'inspection ! Je passe le week-end à me demander :

– Que vais-je faire comme cours lors de mon inspection ? Un cours particulier à celle-ci ou la continuité de ce que je devais faire ?

– Dois-je tester mon cours au préalable sur une autre classe, pour préparer le terrain ?

– Quelle réaction dois-je adopter lors de mon inspection si un élève me manque de respect ?

– Les élèves ont-ils leurs classeurs bien rangés ?

– Les élèves vont-ils me "ruiner" comme ils me l'ont précisé ?

– Quel recours puis-je avoir si c'est le cas ?

– Etc.

Je décide de faire le cours prévu, et de le tester pour voir s'il y a des choses à retravailler.

Durant l'heure fatidique, je demande au hasard (ne jamais laisser de place au hasard lors d'une inspection) à un élève de prendre la relève de la lecture, et là c'est le drame. Il a de grosses difficultés de lecture, et le pire c'est que je le savais. Je suis contraint d'attendre la fin de la phrase pour lui demander de stopper le massacre. Dans ces moments-là, le temps paraît long, très long...

Au cours suivant, les élèves avec lesquels j'ai été inspecté, étaient très joyeux, le dialogue débute :

– Élève 1 : "Vous avez vu M'sieur on a été sympa, on s'est bien tenu, hein ?

– Moi : En effet, j'ai remarqué que vous aviez fait de grands efforts, il serait utile de continuer ces efforts même si l'inspecteur n'est pas là.

– Il vous a dit qu'c'était bien l'inspecteur ?

– Il m'a dit que ça allait dans l'ensemble, mais que les élèves étaient

dissipés. (Je n'aurais peut-être pas dû le leur dire. À cet instant précis, tous les élèves perdent leur sourire et réagissent.)
– Tous les élèves, de manière très vive : QUOI ?
– Élève 2 : Vous rigolez ?
– ... (Je fais une sorte de grimace, qui prouve que je ne suis pas du même avis que l'inspecteur)
– Élève 2 : Mais on a été super sages, on n'a rien fait.
– Vous étiez beaucoup mieux que d'habitude, mais ça ne suffit pas pour l'inspecteur."
J'ai constaté par la suite une amélioration de leur comportement, pas au même point que le jour de l'inspection, bien sûr, mais un progrès conséquent malgré tout. Il y a eu comme une sorte de consensus, un rapprochement, des affinités, je ne sais comment l'exprimer avec des mots, mais toujours est-il que cette inspection a changé le cours des choses avec cette classe.

Antoine, professeur en collège.

La note

En théorie, la note s'appuie sur la situation d'enseignement observée, mais elle prend en compte votre échelon, votre grade, ainsi que votre note d'inspection antérieure... Même si vous faites un cours parfait et que vos élèves sont des anges, il ne faudra pas vous attendre à un 18 en début de carrière. La note, hélas, ne tient pas compte uniquement de la qualité de votre prestation !

LE TRUC EN + (OU EN —)

La note est importante car c'est d'elle que dépendront la vitesse de votre avancement et l'allure à laquelle vous grimperez les échelons. Elle n'est cependant pas déterminante, aussi ne vous en faites pas toute une affaire. Au pire, vous arriverez un peu moins vite en haut de la grande échelle de l'Éducation nationale.

POUR UN «SPECTACLE» DE QUALITÉ...

On le voit, le cadre théorique de l'inspection n'a rien d'affreux ; il n'y a donc pas de quoi en faire un drame... et pourtant, c'est souvent la panique lorsque vous apprenez que ça va être votre tour. Pourquoi ? Car un inspecteur, s'il s'annonce, le fait rarement au bon moment – selon vous !

Quel cours ?

Il n'y a pas de recette miracle, ni de cours miracle. Tâchez de construire une séance qui vous permette de varier les activités. Ne faites pas que du magistral ou des exercices. La diversité de votre heure de cours sera un plus, c'est certain. Ne prévoyez cependant pas trop de choses : ce n'est pas parce que l'inspecteur est dans la classe que vos élèves sont tout à coup devenus des bêtes de travail !

Respectez votre progression annuelle. D'accord, il va venir le jour de votre cours sur *Les Mots* de Sartre et vous maîtrisez beaucoup moins le texte que s'il s'était pointé quelques jours après, pendant l'étude du texte de Jules Vallès. Est-ce une raison pour tout remettre en question ? Non, tâchez de vous tenir à ce que vous avez décidé en début d'année, afin de ne pas perturber vos chers élèves, ainsi que vous-mêmes. Travaillez un peu plus votre séance, et si tout cela s'inscrit dans une progression logique, cela passera parfaitement. Bien sûr, si cela est possible et ne rompt pas l'harmonie de vos cours, vous pouvez inverser deux séances afin de tomber sur celle qui vous convient mieux.

> ### LE TRUC EN —
>
> Courage, fuyons... prévoir une évaluation le jour de l'inspection ne vous permettra pas de briller de tous vos feux devant votre cher visiteur !

Et les élèves dans tout ça ?

Faut-il les prévenir ? Que faire lorsque l'inspecteur choisit de venir vous voir pendant un cours avec les 3e B, classe qui fait les 400 coups depuis la rentrée et qui collectionne les punitions ?

Concernant le premier point, sachez que si vous avez affaire à des sixièmes, vous pouvez éventuellement – et encore, ce n'est même pas sûr ! – leur faire croire que la personne qui sera en cours avec vous lundi prochain vient les observer pour étudier leur comportement.

Toutefois, si vos élèves ont parfaitement compris que durant l'inspection, c'est vous que l'on juge, ils peuvent – et c'est surprenant –, être pleins de compassion pour vous et être particulièrement gentils… Beaucoup de profs en ont fait l'expérience, alors pourquoi pas vous ? D'autant plus que, si vous n'êtes pas pendant l'année une véritable peau de vache et que vous avez pris le temps de construire une relation de confiance et d'autorité avec vos élèves, il n'y a aucune raison pour que vos petits anges sapent votre inspection. En théorie… et si vraiment vous pensez qu'ils vont vous en faire baver, tentez la menace… mais c'est un peu extrême !

« Vos papiers, s'il vous plaît »

Pour mettre toutes les chances de votre côté, préparez divers documents que vous donnerez à votre inspecteur le jour J, comme votre progression annuelle, clairement annotée, une photocopie des supports que vous allez utiliser pendant votre cours et surtout le sacro-saint cahier de texte que vous avez tout naturellement rempli attentivement pendant l'année. Et si ce n'est pas le cas – ce qui, il faut bien le dire, arrive très souvent – tâchez de lui refaire une beauté : soulignez les titres, complétez l'intitulé de vos séances dans les espaces laissés vides, mettez de la couleur, collez vos supports…

LE TRUC EN —

Mettre le feu au cahier de texte et faire croire à l'inspecteur qu'il s'est volatilisé, parce que vous n'avez pas pris soin de le remplir relativement régulièrement. Vous n'aurez rien à gagner en mentant de la sorte, et il n'est pas dit que l'ensemble de la classe – et les autres professeurs – vous couvrent…

Soyez vous-même !

Ne débarquez pas en cours, le jour de l'inspection, avec le tailleur acheté spécialement pour le troisième mariage de tante Mimi ! Ne mettez pas pour autant vos vieilles baskets trouées très confortables. Faites un petit effort de tenue, sans pour autant vous déguiser ! En clair, soyez coquet, tout en restant vous-même. N'oubliez pas que c'est aussi – un peu – une affaire de séduction !

Pour le reste, mettez en œuvre tous les conseils donnés dans ce livre et pensez à vous relaxer la veille, afin de ne pas arriver complètement livide le jour de l'inspection. Finalement, rien de bien compliqué !!!

LE TRUC EN +

Pourquoi pas, la veille, vous concocter un petit programme exceptionnel, histoire de ne pas passer votre journée à ressasser votre cours ? Relaxation, sport, cinéma, thé-gâteaux à la crème entre copines… toutes ces choses futiles et tellement essentielles !

" *Lorsqu'une inspection se présente, le stress monte. C'est normal et nécessaire, mais il faut savoir que la note ne descend jamais : au pire, elle reste la même. Mais le stress, lui, ne veut rien entendre. Alors le professeur effectue quelques petites mises en scène de façon à ce que cette inspection se déroule le mieux du monde.*
La première chose que j'ai faite a été de vérifier le cahier de texte, et de le compléter. Heureusement, j'ai pour habitude de coller le contenu de chaque séquence, tapé à l'ordinateur, de même que ma progression annuelle. Mais contrôler mon cahier de texte, c'est aussi pour moi une façon de prendre le temps d'anticiper sur d'éventuelles questions : pourquoi avoir mené cette séquence de cette façon-là, pourquoi inter-

vient-elle après telle autre séquence, etc. Il faut être sûr de ses choix ! Si l'inspecteur les demande, on est paré.

Je préviens toujours mes élèves que je vais être inspectée. En effet, ils n'aiment pas les inconnus dans leur classe ! De plus, bien qu'ils n'aiment pas forcément leur professeur, ils sont en principe toujours là pour l'aider car c'est LEUR professeur ! Je les informe donc qu'ils doivent faire comme d'habitude, participer, respecter le silence, amener leurs affaires, avoir fait leurs exercices – sous peine de représailles ! La plupart du temps, le lendemain, ils demandent s'ils ont été à la hauteur (le paquet de bonbons, ce n'est pas du chantage, ni des remerciements, c'est juste pour leur faire plaisir...).

Pendant l'inspection, le stress est difficile à gérer : pour me rassurer, j'imagine que l'inspecteur est comme un élève à qui on devrait faire acquérir de nouvelles notions (il est indispensable de lui photocopier les textes...). Et je rationalise en faisant le point sur les enjeux. En clair, je me dis que l'inspecteur attend finalement que l'enseignant :

– utilise un vocabulaire correct ;
– marque le titre de sa séquence au tableau ;
– y note également les objectifs ;
– ait terminé son cours ou module dans l'heure ;
– fasse en sorte de ne pas trop guider les élèves pour les laisser acteurs à part entière du cours...

Et c'est tout ! Vu comme ça, je me dis que c'est à ma portée et que je devrais m'en sortir... En clair, je fais plus attention à écrire davantage au tableau, je me déplace un peu plus, pour traquer les fautes en tout genre du groupe, et le tour est joué !»

Sur le terrain, Marie-Hélène P., professeur en BTS.

L'inspecteur n'est donc pas le loup qui entre dans la bergerie. Faites-en votre allié en mettant en valeur vos compétences, mais aussi votre personne. Être l'acteur de son cours, c'est aussi savoir plaire à un autre type de public !

Organiser et accompagner une sortie scolaire

Voyage, voyage

Vous êtes un prof dynamique et vous aimez décloisonner votre enseignement en montrant à vos chers pupilles que ce qu'ils apprennent entre quatre murs a forcément un lien avec le monde extérieur. Et pour concrétiser cette idée, rien de telle qu'une sortie ou carrément un voyage scolaire. Acteur du cours, vous vous improvisez acteur au long cours… voici quelques recettes pour mener à bien votre projet.

COMMUNIQUER

En acteur complet, vous vous glissez dans le costume du gentil organisateur… les choses ne sont pas si compliquées que cela, rassurez-vous et à part quelques lourdeurs administratives, si le projet est beau, tout ira comme sur des roulettes!

Interrogez votre projet

Avant même de claironner à vos élèves qu'un voyage à Rome d'une semaine est prévu au mois de mai, mettez les choses à plat et posez-vous les bonnes questions:

- ce voyage ou cette sortie a-t-il un lien direct avec ma discipline?
- Peut-on envisager une collaboration avec des collègues, afin de monter un projet à conduire pendant l'année?
- Comment exploiter en cours le voyage et la sortie, avant et après?

En effet, sortir de votre salle de classe doit avoir un intérêt. Il ne s'agit pas de permettre à vos élèves de se détendre en organisant une sortie dans un parc d'attraction, par exemple. Si certaines sorties prennent des allures ludiques, ce n'est jamais au détriment de leur intérêt pédagogique.

Montez un dossier

Une fois les objectifs de votre projet posés, montez un dossier écrit que vous ferez passer à l'administration, aux organismes susceptibles de vous financer et aux parents d'élèves. Noter tout, noir sur blanc, est la meilleure façon de vous protéger des possibles dérapages et montrera votre sérieux… ce qui aura l'avantage de rassurer votre chef d'établissement et les parents.

> **LE TRUC EN +**
>
> Une fois que la lourdeur administrative est terminée, pourquoi ne pas organiser une réunion pour faire le point avec les différents accompagnateurs, et les parents d'élèves ? Vous aurez tout à gagner en défendant les vertus pédagogiques de votre sortie ou de votre voyage aux personnes concernées.

Dans ce dossier, pensez à inscrire :
- votre nom ainsi que les noms des professeurs concernés par le projet, les accompagnateurs (le nombre des accompagnateurs sera fixé officiellement par le chef d'établissement. Sachez que vous pouvez faire appel à des personnes étrangères à l'Éducation nationale, comme les parents d'élèves, qui voyageront au même titre et avec la même protection qu'un prof en service ;
- les objectifs du projet : préparation de la sortie dans le cadre de vos activités pédagogiques, activités de prolongement, travail en interdisciplinarité, etc. ;
- la date et la durée de la sortie, en justifiant ces choix.

© Groupe Eyrolles

FINANCER UN PROJET

Il n'y a pas que les idées qui comptent… il faut aussi les sous ! Pour donner la possibilité à tous les élèves de votre classe de partir, vous vous devez d'être un comptable et un chef de projet redoutable !

Les deux types de sorties

Il existe différents types de sorties : celles qui sont obligatoires et pour lesquelles vous ne pouvez demander une participation aux familles. En 4e par exemple, une sortie de géologie est obligatoire et ne doit pas coûter un centime aux parents

Celles qui sont facultatives, mais qui comportent un intérêt indéniable pour vos petites têtes pensantes et pour lesquelles vous pouvez demander la participation des familles, dans la limite du raisonnable et en gardant bien à l'esprit que la sortie ne sera réussie que si tous vos élèves peuvent y participer.

Le sponsoring

En clair, pour vous aider dans votre recherche de sponsors, vous pouvez vous tourner vers :

- les collectivités territoriales et si votre dossier est bien ficelé, elles ne pourront qu'être partantes ;
- le foyer socio-éducatif ;
- les entreprises privées qui s'engagent à vous financer sans contrepartie publicitaire ;
- les fonds propres de votre établissement ;
- la participation des familles.

LE TRUC EN —

Faire payer votre voyage par les familles. Il est évident qu'étant accompagnateur vous accomplissez votre service d'enseignant. Mais de là à vous faire payer une semaine à Rome par les parents de Nicolas, il y a des limites. Cela ne veut pas dire que vous devez payer votre part. Cette dernière doit être financée par les sponsors cités précédemment, à l'exception de la participation des familles.

L'ASPECT ADMINISTRATIF

Avant le grand départ, il vous faut rassembler un certain nombre d'éléments essentiels d'un point de vue juridique et dont l'absence pourrait vous causer bien du souci le jour J.

Ainsi, munissez-vous de patience et tâchez de rassembler au plus vite :

– une fiche santé que chaque élève aura dûment complétée. Cela aura le mérite d'éviter que Virginie ne se mette à gonfler en mangeant des huîtres, parce qu'elle ne vous aura pas précisé qu'elle était allergique à l'iode. Ça pourra aussi être un bon moyen de savoir que Nicolas prend un traitement contre l'hyperactivité, etc. ;

– une fiche assurance qui dégagera votre responsabilité en cas de petits – voire gros – incidents ;

– l'autorisation des parents signée et datée ;

– la carte d'identité de chacun de vos élèves et une autorisation de sortie du territoire, le cas échéant. ;

– les sous ! Prévoyez large au niveau des délais de paiement afin de ne pas avoir de mauvaises surprises. Et ne vous précipitez pas chez votre banquier pour encaisser les chèques : c'est à l'intendance que les chèques doivent être adressés et pas à vous !

LE TRUC EN +

Faites des photocopies de tous ces éléments afin de les faire passer aux services administratifs de votre établissement. Vous n'êtes pas à l'abri de perdre votre sac le jour J, ou que des ours viennent vous le voler lors d'un séjour au vert.

LA BONNE ATTITUDE

Les élèves sont les mêmes, a priori vous n'avez subi aucune transformation avant la nuit... seulement le cadre est différent et cela peut changer la donne.

Une nouvelle situation

Il est clair qu'hors des murs de votre classe, et une fois descendu de votre estrade, les relations entre vous et vos élèves sont un brin chamboulées. En plus, dans le cadre de séjours longs, vous êtes amené à partager une certaine intimité avec eux : ils voient la tête que vous pouvez avoir au petit déj', en savent un peu plus sur vos habitudes alimentaires.

Prenez garde d'éviter tout geste déplacé qui, s'il part d'une bonne intention, pourrait être mal interprété.

Gardez vos distances

Ce n'est pas parce que l'on est dans un cadre non scolaire que vous pouvez vous permettre de vous « la jouer cool »... En effet, il faut rappeler que vous êtes la personne responsable du groupe et qu'à ce titre, il vous faut faire preuve d'autorité, sans pour autant terroriser vos tendres chérubins. Il va falloir les compter régulièrement afin de ne pas en perdre un en route, faire en sorte qu'ils ne fument pas derrière le bus, qu'ils ne se fassent pas la malle le soir, etc. Si la détente est indispensable, il est bien évident que vous ne serez pas détendu !

Mais ne vous laissez pas submerger pas le stress. Vous n'êtes pas seul et les accompagnateurs sont là pour vous aider. Répartissez-vous les tâches afin d'être les plus efficaces possible. Et sachez que bien souvent, les élèves sont contents et savent relativement bien se tenir. En tout cas, si votre affaire a été bien préparée, qu'elle a donné lieu à une recherche préalable durant laquelle vous aurez fait comprendre à l'ensemble du groupe l'intérêt culturel de cette sortie, et si en plus vous avez expressément demandé un compte rendu rigoureux de la journée et du séjour avec note à la clé, ils ne pourront qu'être investis!

66 *On m'avait demandé, la première année durant laquelle j'ai enseigné, d'accompagner des premières et des terminales à Paris. Les objectifs de mes collègues étaient très clairs : expo le matin et musée d'Orsay l'après-midi. Je me faisais tout un monde avant de partir – tôt le matin. Comment gérer la sécurité de tout un groupe d'ados certainement prêts à tout pour s'évader du programme hautement culturel qu'on leur avait réservé... avant même de monter dans le train, j'étais épuisée à l'idée de devoir m'affirmer dans un cadre étranger à la rassurante salle de classe, avec sa porte, ses surveillants et un proviseur pas loin en cas de problèmes... et bien je dois dire que ce voyage a été comme une révélation : d'abord, les élèves étaient mignons, et contrairement à ce que je pouvais imaginer, ils se sont intéressés de très près à la peinture et même ceux qui n'avaient pas de curiosité franchement affirmée pour le monde des arts sont restés scotchés un bon bout de temps devant L'Origine du monde de Courbet... c'est déjà ça ! La journée s'est passée sans heurts... je dois dire que je n'ai jamais baissé ma vigilance !*
Mais, il faut l'admettre, partager une journée en étant un peu plus détendue qu'en cours, un peu plus proche et relax, ça a fait du bien à tout le monde !»

Cécile B., enseignante en lycée.

Profitez donc de la relative grande liberté qui vous est offerte pour être créatif! Vous êtes prof de musique? Pourquoi ne pas tenter d'intéresser vos élèves à l'opéra? Le théâtre de votre ville a une bonne programmation? Allons nous frotter à Molière... dites-vous que pour certains de vos élèves, c'est seulement grâce à l'école qu'ils pourront approcher un brin de culture. Et si ça les barbe, tant pis! Vous aurez essayé!

Annexes

Pour aller plus loin

Pour ceux qui souhaitent approfondir leur connaissance du monde théâtral, de ses techniques, sans se lancer dans une littérature assommante, Michèle Harfaut propose quelques pistes qui vous permettront d'ouvrir la réflexion et vous donneront de nouvelles idées d'exercices pratiques.

TECHNIQUES THÉÂTRALES

Patrick PEZIN, *Le Livre des exercices à l'usage des acteurs*, L'Entretemps éditions, collection Les Voies de l'auteur, 2002.

L'auteur est le fondateur de l'Institut international de l'acteur où ont enseigné de célèbres professionnels, comme Sydney Pollack, et il intervient dans de nombreuses écoles sur le jeu masqué. Clairement construit et vivant, cet ouvrage met en scène divers exercices, classés thématiquement (relaxation, espace, concentration, voix, etc.). Il fait fréquemment référence aux maîtres du théâtre, en renouvelant leur pensée, en croisant les idées. Accessible à un public non averti, il n'en reste pas moins une bible, dont le monde théâtral actuel s'inspire largement.

Michèle TAÏEB, *Improviser, 96 fiches techniques à l'usage du formateur*, Éditions d'Organisation, 2005.

Michèle Taïeb est comédienne et formatrice. Elle propose dans son ouvrage des fiches synthétiques et pratiques qui guident le formateur à travers des séries d'exercices. L'objectif est de gagner en présence, de développer son imagination, de répondre à l'imprévu sans perdre pied, ce qui s'avère indispensable dans le contexte de la salle de classe.

TECHNIQUES VOCALES

Louis-Jacques RONDELEUX, *Trouver sa voix, contrôler sa respiration, enri-chir son timbre, élargir son registre vocal*, Le Seuil, 2004

> Un livre précieux… à tel point qu'il devient difficile de se le procu-rer! Il concerne aussi bien ceux qui pratiquent le chant, que ceux dont le métier pousse à parler beaucoup. L'ouvrage propose un travail étalé sur huit semaines, à travers une centaine d'exercices qui permettront aux plus patients d'entre vous d'apprendre à utiliser leur voix sans fatigue ni forçage.

TECHNIQUES DE RELAXATION

Stella WELLER, *20 techniques de respiration, pour évacuer stress, fatigue et anxiété*, Éditions Véga, 2003.

> Stella Weller est infirmière diplômée. L'ouvrage insiste sur le bien-fondé d'une respiration efficace au quotidien, en proposant vingt techniques que chacun peut adapter à son environnement.

Quelques exercices d'articulation

Voici une dernière petite série d'exercices, à faire et refaire en s'amusant, proposée par Cécile Berthier-McLaughlin. Les phrases qui suivent sont à prononcer distinctement. Entraînez-vous, c'est le meilleur moyen de progresser et de vous concentrer sur l'articulation, si chère à l'acteur – et au prof! Si vous en voulez plus, faites un tour sur Internet: vous y trouverez un nombre incroyable de «virelangues», vous savez, ces phrases difficiles à prononcer et qui nous font fourcher la langue… Comme la diction est au centre de notre métier, autant s'entraîner un peu!

Didon dîna, dit-on, du dos d'un dodu dindon, don dû d'un don, à qui Didon dit: «Donne, donc, don, du dos d'un dindon dodu.»

Dis-moi, petit pot de beurre, quand te dépetipodebeurreriseras-tu? Gros pot rond de beurre, je me dépetipodebeurreriserai quand tous les petits pots de beurre se dépetipodebeurreriseront. Et auront dégrospotsronddebeurrerisé tous les gros pots ronds de beurre.

Il était une fois,
Une marchande de foie,
Qui vendait du foie,
Dans la ville de Foix.
Elle se dit ma foi,
C'est la première fois
Et la dernière fois,
Que je vends du foie,
Dans la ville de Foix.

Kiki était cocotte, et Koko concasseur de cacao. Kiki la cocotte aimait beaucoup Koko le concasseur de cacao. Mais Kiki la cocotte convoitait un coquet caraco kaki à col de caracul. Koko le concasseur de cacao ne pouvait offrir à Kiki la cocotte qu'un coquet caraco kaki mais sans col de caracul. Or un marquis caracolant, caduque et cacochyme, conquis par les coquins quinquets de Kiki la cocotte, offrit à Kiki la cocotte un coquet caraco kaki à col de caracul. Quand Koko le concasseur de cacao l'apprit, que Kiki la cocotte avait reçu du marquis caracolant, caduque et cacochyme un coquet caraco kaki à col de caracul, il conclut : « je clos mon caquet, je suis cocu ! »

Les chaussettes de l'archiduchesse sont-elles sèches ? Archisèches !

Si ton tonton tond ton tonton, ton tonton tondu sera.

Ton thé t'a-t-il ôté ta toux ? disait la tortue au tatou. Mais pas du tout, dit le tatou, je tousse tant que l'on m'entend de Tahiti à Tombouctou. Oui, mon thé m'a ôté ma toux.

« Pour qui sont ces serpents qui sifflent sur vos têtes ? » (Racine, *Andromaque*, acte V, scène 5).

Tas de riz, tas de rats. Tas de riz tentant, tas de rats tentés. Tas de riz tentant tenta tas de rats tentés. Tas de rats tentés tâta tas de riz tentant.

Chat vit rôt. Rôt tenta chat. Chat mit patte à rôt. Rôt trop chaud ! Rôt brûla patte à chat. Chat quitta rôt.

www.ingramcontent.com/pod-product-compliance
Lightning Source LLC
Chambersburg PA
CBHW072253270326
41930CB00010B/2370